BIRGITTA HOLENSTEIN RAMSURN
Meine Lieblingsorte

Sagar Shiv Mandir [I5] ❶❼
Der im Nordosten bei Flacq auf der winzigen Goyaven-Insel gelegene Hindutempel ist nur über eine Brücke zugänglich, die bei hohem Wasserstand überflutet wird. Die harmonische und fast poetische Atmosphäre und die wunderschöne Aussicht über das Meer und die Bucht machen diesen Tempel zu einem Höhepunkt jeder Inseltour (s. S. 31).

74ma Abb.: k

002ma Abb.: hk

Ile aux Aigrettes [I10] ❷❻
Riesenschildkröten grasen am Wegrand, Skink-Echsen blinzeln unter endemischen Pflanzen hervor, und das alles zum Gesang einst fast ausgestorbener Vogelarten wie der Rosa Taube, dem farbigen Mauritiusweber und dem scheuen Mauritiusraupenfänger. Ausflüge auf die in der Bucht von Mahébourg gelegene Insel sind eine schöne Art der Zivilisationsflucht (s. S. 36).

Le Morne Brabant [A11] ❸❼
Die Halbinsel im Südwesten sticht auf der Landkarte gleich ins Auge. Kilometerlange weiße Sandstrände säumen den spektakulär aufragenden Berg, der einst ein Fluchtpunkt entflohener Sklaven war. Hier findet man lauschige Plätzchen im Schatten der Kasuarina-Bäume und ideale Bedingungen für alle Wind- und Wassersportarten (s. S. 46).

Markt in Port Mathurin, Rodrigues [ce] ❺❻
Der Markt ist das Herz der Insel mit einem großen Angebot an Früchten und Gemüse, frisch zubereiteten Speisen, handgefertigten Souvenirs und Naturprodukten. Liebhaber von Honig, Eingemachtem, geflochtenen Körben und exotischen Kopfbedeckungen kommen voll auf ihre Kosten und auch das Handeln mit den Marktleuten ist ein Abenteuer für sich (s. S. 64).

076ma Abb.: hk

Insel|Trip

Liebe Grüße ...

... vom Aussichtspunkt in Gris Gris
Hier perlen die Wellen vom „Weinenden Felsen" wie Tränen ab, bevor sie an die schwarzen Basaltklippen schlagen, und es weht immer ein kühles Lüftchen: herrlich an heißen Sommertagen oder nach einer Wanderung auf einem der Fußpfade, die an der Küste entlangführen (s. S. 39).

... vom Restaurant Palais de Barbizon in Chamarel
Die ausgezeichnete Köchin Marie Ange serviert Spezialitäten wie Huhn Créole oder Flusskrebse mit gekochten Bananenblüten zum Papaya-Curry. Die Gäste können nach einem Tässchen Chamarel-Kaffee den hauseigenen Gemüse- und Früchtegarten besichtigen (s. S. 49).

... von einer abenteuerlichen Bootsfahrt
... zur steil aufragenden Klippe der Insel Coin de Mire und zu den Inselchen Flat Island und Ilot Gabriel, wo die Entdeckungstour zum Leuchtturm, den historischen Gräbern und den seltenen Blumen mit einer leckeren Mahlzeit vom Grill belohnt wird (s. S. 20).

... vom heiligen See Ganga Talao
Er wird von einer Riesenstatue des Gottes Shiva bewacht: das Ziel Tausender von Pilgern, die sich zum Hindu-Festival Mahashivaratree alljährlich zur Regenzeit hier einfinden. Der kreisrunde See mit seinen farbenfrohen Tempelanlagen liegt direkt an der Straße, die durch den Nationalpark führt (s. S. 45).

Mauritius

Seit 2001 wohne ich auf Mauritius und habe die rasante Entwicklung der Insel seither hautnah miterlebt. Besucher, die einige Jahre lang nicht mehr hier waren, sind überrascht von den vielen neuen Hotels, Straßen und Gebäuden, die in letzter Zeit entstanden sind. Mauritius hat aber immer noch viel Schönes abseits der neuen Infrastruktur zu bieten und es finden sich Orte, an denen die Zeit regelrecht stillsteht. Vor allem im wilden Süden und dem von den Passatwinden manchmal etwas zerzausten Osten gibt es noch unberührte Naturlandschaften. Aber auch in der Nähe von Touristenorten wie Grand Bay, Flic en Flac und Tamarin finden sich stille Strände, wenn man nur danach Ausschau hält.

Touristisch hat Mauritius ein neues Gesicht bekommen: Unterkünfte und Freizeitmöglichkeiten im niedrigen bis mittleren Preissegment erleben einen regelrechten Boom und es bleibt zu hoffen, dass die Insel das ihr mittlerweile ganz zu Unrecht anhaftende Image einer übertauerten Luxusdestination endgültig ablegen kann.

Wer es lieber ganz ruhig mag, sollte auf jeden Fall die Insel Rodrigues besuchen, denn dort verläuft das Leben noch in seinen ursprünglichen Bahnen und anstatt von technischen Geräten wird der Tagesablauf von den Gezeiten bestimmt. Obwohl trockener und etwas unzugänglicher als ihre große Schwester, kann man sich dem spröden Charme der kleinen Insel schwer entziehen. Durch die gemütliche und freundliche Art der Inselbewohner vergisst man glatt, dass man eigentlich an einem der abgelegensten Orte unseres Planeten zu Gast ist.

Die Autorin und der Fotograf

Birgitta Holenstein Ramsurn liebt Inseln und das Meer. Weil das für eine Schweizerin sehr untypisch ist, zog sie schon früh im Leben in die Südsee. Nach längeren Aufenthalten auf Tahiti und Hawaii lebt sie nun auf der Insel Mauritius. Ihre Arbeit als Tourismus-Journalistin, Therapeutin und Autorin von Websites auf Deutsch und Englisch ist von ihrer Liebe zur Natur und der tropischen Inselwelt inspiriert. Nachhaltiger Tourismus bedeutet für sie eine Chance zur Erhaltung der faszinierenden mauritischen Flora und Fauna. Aus einheimischen Pflanzen stellt sie Blütenessenzen her. Mehr Infos zu ihrer Arbeit auf www.tropicelixirs.com.

Hans Kevin Koborg wurde in Dänemark geboren und lebt seit 1999 auf Mauritius. Als Taucher schätzt er die beeindruckende Unterwasserwelt, aber auch die Natur- und Kulturschätze. Er ist einer der Pioniere des nachhaltigen Tourismus und kennt die Inseln wie seine Westentasche. Seine große Bilderkartei stellt er mit großer Freude für die Bebilderung dieses Buchs zur Verfügung.

INSEL|TRIP
Mauritius

Inhalt

- 1 Meine Lieblingsorte
- 2 Liebe Grüße ...
- 3 Die Autorin und der Fotograf
- 8 Benutzungshinweise

9 Orte und Regionen

10 Inselsteckbrief

- 11 **❶ Port Louis** ★★★ [D5]
- 12 ❷ Jummah-Moschee ★★ [D5]
- 12 ❸ Chinatown ★★ [E5]
- 14 ❹ Aapravasi Ghat ★★ [D5]
- 14 ❺ Zentralmarkt ★★★ [D5]
- 15 ❻ Caudan Waterfront ★★ [D5]

18 Der Norden

- 18 ❼ Pamplemousses Garden ★★★ [F4]
- 21 ❽ Zuckermuseum ★★ [F4]
- 21 ❾ Château Labourdonnais ★★ [G3]
- 22 ❿ Maheshwarnath-Tempel, Triolet ★ [E3]
- 22 ⓫ Grand Bay ★★ [F2]
- 25 ⓬ Cap Malheureux/Bain Boeuf ★★ [F2]
- 27 ⓭ Paul-und-Virginie-Denkmal, Poudre d'Or ★ [H3]
- 27 ⓮ Spiritual Park Pointe des Lascars ★★ [H4]
- 27 ⓯ Bras D'Eau Nature Reserve ★★ [I5]
- *28 Die nördlichsten Inseln*
- 29 ⓰ La Nicolière ★ [G5]

30 Der Osten

- 31 ⓱ Sagar Shiv Mandir ★★★ [I5]
- 31 ⓲ Badeinsel Ile aux Cerfs ★★ [J7]
- 32 ⓳ Wasserfälle Grand Rivière Sud Est ★★ [J8]
- 32 ⓴ Vallée de Ferney ★★ [H9]
- 33 ㉑ Domaine de l'Etoile ★★ [H8]
- 33 ㉒ Fredrik Hendrik Museum ★★ [I9]
- 34 ㉓ Mahébourg ★★★ [H10]

Zeichenerklärung

★★★ nicht verpassen
★★ besonders sehenswert
★ wichtig für speziell interessierte Besucher

[A1] Planquadrat im Kartenmaterial. Orte ohne diese Angabe liegen außerhalb unserer Karten. Ihre Lage kann aber wie die von allen Ortsmarken mithilfe der begleitenden Web-App angezeigt werden (s. S. 144).

Updates zum Buch
www.reise-know-how.de/inseltrip/mauritius18

◁ *Statue am heiligen See Ganga Talao* ㊱ *(079ma Abb.: hk)*

6 Inhalt

34	㉔ Naval Museum/National History Museum ★★ [H10]
35	㉕ Biscuiterie Rault ★★ [H10]
36	㉖ Ile aux Aigrettes ★★★ [I10]
36	㉗ Blue Bay ★★ [H11]
37	*Die Inseln des Südostens*

39 Der Süden
- 39 ㉘ Gris Gris und La Roche Qui Pleure ★★★ [E12]
- 40 *Sega!*
- 41 ㉙ Robert Edward Hart Museum ★★ [E12]
- 41 ㉚ Souillac ★★ [E12]
- 42 ㉛ Telfair Garden ★ [E12]
- 42 ㉜ Rochester Falls ★★ [E12]
- 43 ㉝ Riambel ★★ [D12]
- 44 ㉞ Domaine de Chazal ★★ [D12]
- 45 ㉟ Teeplantage Bois Chéri ★★★ [E11]
- 45 ㊱ Ganga Talao/Grand Bassin ★★★ [D10]
- 46 ㊲ Le Morne Brabant ★★★ [A11]

47 Der Westen
- 47 ㊳ Chamarel ★★★ [B10]
- 48 ㊴ Kirche St. Anne in Chamarel ★★ [B10]
- 50 ㊵ Piton-de-la-Petite-Rivière-Noire ★★ [C10]
- 51 ㊶ Tamarind Falls ★★ [B11]
- 53 ㊷ Black River Gorges National Park ★★★ [C10]
- 53 ㊸ Martello-Turm von La Preneuse ★★ [B9]
- 54 ㊹ Tamarin ★ [B9]
- 55 ㊺ Casela Nature and Leisure Park ★★ [C8]
- 55 ㊻ Flic en Flac ★ [B7]
- 56 ㊼ Leuchtturm von Albion ★ [C6]

57 Das Zentralplateau
- 57 ㊽ Curepipe und Floréal ★★ [E8]
- 58 ㊾ Domaine des Aubineaux ★ [E8]
- 59 ㊿ Trou aux Cerfs ★★★ [E8]
- 60 ℡ Quatre Bornes ★ [D7]
- 61 ㊙ Cyber City ★ [D7]
- 61 ㊚ Jüdischer Friedhof St. Martin und Beau Bassin Informationszentrum für Jüdische Gefangene ★ [C6]
- 62 ㊛ Moka Eureka House ★★ [D6]
- 62 ㊜ Pieter Both ★★ [E6]

63 Rodrigues
- 64 ㊝ Markt in Port Mathurin ★★★ [ce]
- 64 ㊞ Anse aux Anglais ★★ [ce]
- 65 ㊟ Mont Limon ★★ [ce]
- 65 ㊠ St. Gabriel ★ [cf]
- 66 ㊡ Jardin des 5 Sens ★★ [cf]

66	**61** Bigarade, Ort der Bienen ★★★ [ce]
66	**62** Anse Mourouk ★★ [df]
67	**63** Caverne Patate ★★ [bf]
67	**64** François-Leguat-Schildkrötenpark ★★ [bf]
68	**65** Ile aux Cocos und Ile aux Sables ★★★ [ae]

71 Mauritius und Rodrigues aktiv

72	Baden
72	Wassersport
78	Wandern
82	Weitere Aktivitäten
86	*Der einzigartige Flughund – vom Menschen bedroht*

87 Mauritius und Rodrigues erleben

88	Feste und Folklore
91	Mauritius und Rodrigues kulinarisch
95	Shopping
96	Natur erleben
97	*Die Magie der Bienen von Rodrigues*
98	Von den Anfängen bis zur Gegenwart
100	*Piraten und Freibeuter von Mauritius*

103 Praktische Reisetipps

104	An- und Rückreise	120	Sicherheit
104	Ausrüstung und Kleidung	121	*Infos für LGBT+*
105	Autofahren	122	*Müll im Paradies*
106	Barrierefreies Reisen	124	Sprache
106	Diplomatische Vertretungen	124	Telefonieren
107	Ein- und Ausreisebestimmungen	125	Touren
		126	Uhrzeit
109	Elektrizität	126	Unterkunft
109	Film und Foto	127	Verhaltenstipps
109	Geldfragen	128	*Smoker's Guide*
111	*Mauritius preiswert*	129	Verkehrsmittel
112	Gesundheitsvorsorge und Hygiene	132	Wetter und Reisezeit
114	Informationsquellen	**133**	**Anhang**
115	Internet		
115	*Meine Literaturtipps*	134	Kleine Sprachhilfe Mauritius
116	Maße und Gewichte	139	Register
116	Medizinische Versorgung	143	Schreiben Sie uns
117	Mit Kindern unterwegs	143	Impressum
118	Notfälle	144	Zeichenerklärung
119	Öffnungszeiten	144	*Mauritius mit PC, Smartphone & Co.*
120	Post		

Benutzungshinweise

Orientierungssystem

Die in den folgenden Kapiteln beschriebenen Attraktionen sind mit einer **fortlaufenden magentafarbenen Nummer** gekennzeichnet, die sich als Ortsmarke im Faltplan wiederfindet. Steht die Nummer im Fließtext, verweist sie auf die Beschreibung dieser Attraktion.

Die Angabe in **eckigen Klammern** verweist auf das Planquadrat im Faltplan oder auf den Ortsplan. Beispiel:

❶ Port Louis ★★★ [D5]

Alle weiteren Points of Interest wie Unterkünfte, Restaurants oder Cafés sind mit einer Nummer in **spitzen Klammern** versehen. Anhand dieser eindeutigen Nummer können die Orte in unserer speziell aufbereiteten Web-App unter www.reise-know-how.de/inseltrip/mauritius18 lokalisiert werden (s. S. 144). Beispiel:

› Beach House $$ <31>

Beginnen die Points of Interest mit einem **farbigen Quadrat**, so sind sie zusätzlich in den Ortsplänen eingezeichnet:

■ Lambic Coffee Shop $$ <17>

Preiskategorien

Unterkünfte

Die Preiskategorien beziehen sich auf eine Nacht im Doppelzimmer.

$	bis 4000 Rupien (bis 100 €)
$$	4000–8000 Rupien (100–200 €)
$$$	8000–16.000 Rupien (200–400 €)
$$$$	ab 16.000 Rupien (ab 400 €)

Gastronomie

Die Preiskategorien beziehen sich auf ein Hauptgericht ohne Getränke.

$	bis 100 Rupien (bis 2,50 €)
$$	100–250 Rupien (2,50–6 €)
$$$	250–500 Rupien (6–12 €)
$$$$	500–1000 Rupien (12–25 €)

Hotelrestaurants sind von diesen Kategorien ausgenommen, entsprechend ihrem Standard bewegen sich die dortigen Preise für Mahlzeiten und Getränke etwa im selben Preissegment wie in Europa.

Vorwahlen

› **Vorwahl Mauritius:** 00230
› **Vorwahl Rodrigues:** 00230
› **Vorwahl Deutschland:** 0049
› **Vorwahl Schweiz:** 0041
› **Vorwahl Österreich:** 0043

ORTE UND REGIONEN

Inselsteckbrief

Mauritius ist das am dichtesten besiedelte Land *Afrikas*. Die *Hauptinsel* liegt etwa 1700 Kilometer vor der Südostküste des afrikanischen Kontinents und 870 Kilometer von Madagaskar entfernt im *Indischen Ozean*, misst 64 Kilometer an der längsten, 47 Kilometer an der breitesten Stelle und umfasst eine Gesamtfläche von 1900 Quadratkilometern. Der höchste Berggipfel heißt *Piton-de-la-Petite-Rivière-Noire* und ist 828 Meter hoch.

Die Haupteinnahmequelle der etwa *1,3 Millionen Inselbewohner* ist nach wie vor die Zuckerindustrie, gefolgt von der Textilindustrie, dem Banken- und Dienstleistungssektor und dem Tourismus. Jährlich wird Mauritius von mehr als einer Million *Touristen* besucht, die meist in den Hotels und Ferienhäusern entlang der relativ schmalen, feinsandigen und sehr schönen *Strände* wohnen. Das *Inselinnere* wird dominiert von grünen Zuckerrohrfeldern, sanften Hügeln, bizarr geformten Bergen und einem Ballungszentrum, bestehend aus mehreren Städten, die fast nahtlos ineinanderübergehen und in denen vorwiegend Einheimische leben.

Seit den 1980er-Jahren sind die nördlich vom Wendekreis des Steinbocks liegenden smaragdgrünen Inseln inmitten des Indischen Ozeans auch in Europa bekannt. Einst als Geheimtipp betuchter Auserwählter, dann als Kultort für Hippies haben die **Maskarenen-Inseln** wirklich alles, was ein Urlaubsparadies auszeichnet. Sie sind von tiefblauem Meer umgeben, werden von türkisfarbenen Lagunen mit strahlend weißen Stränden gesäumt und sind von farbenprächtigen Korallenriffen geschützt. Mit Naturlandschaften, die sich nach jeder Straßenbiegung verändern, steil aufragenden, bizarr geformten Bergen, von denen Flüsse und Bäche durch urtümliche Wälder fließen, und geschützten Parks bietet auch das Hinterland Gelegenheit zum Entdecken seltener Tier- und Vogelarten und Genießen von Freizeitaktivitäten aller Art.

Als veritabler „**Schmelztiegel der Kulturen**" ist **Mauritius** von Gegensätzen geprägt: Unberührte Naturlandschaften liegen neben scheinbar endlosen Zuckerrohrfeldern und besonders im Inselinnern entstehen immer mehr Siedlungen, Städte und Dörfer. Ein Netz von Straßen verbindet alle Teile der Insel mit der Hauptstadt Port Louis und dem 2013 neu ausgebauten Flughafen und durch das Internet ist Mauritius mit dem Rest der Welt verbunden.

Ganz anders geht es auf der Schwesterinsel **Rodrigues** zu: Hier leben hauptsächlich die Nachkommen der afrikanischen Sklaven. Ihr Lebensstil entspricht wohl dem, der auf Mauritius vor 50 Jahren herrschte. Obwohl die Insel einst von den Briten abgeholzt wurde und seitdem eher trockenes Klima herrscht, ist hier Natur pur die Norm und Besucher können wieder einmal so richtig die Seele baumeln lassen.

◁ *Vorseite: Beim Erkunden der Bergwelt ist das Equipment wichtig*

Die nördlicher liegenden Inselgruppen St. Brandon und Agalega werden hauptsächlich zum Fischfang und dem Anbau von Kopra genutzt und sind ansonsten noch nicht erschlossen. Um den Chagos-Archipel mit seinem amerikanischen Stützpunkt streiten sich gerade Mauritius, England und die USA.

❶ Port Louis ★★★ [D5]

Wegen der durch eine Bergkette vor den rauen Passatwinden geschützten Lage wurde Port Louis im Jahr 1735 von Mahé de Labourdonnais zum wichtigsten Hafen und Regierungssitz der damaligen Kolonie Ile de France bestimmt. Hier wohnen **148.000 Menschen** auf 47 Quadratkilometern, jeden Tag erhöht sich ihre Zahl um fast hunderttausend **Pendler**, die am Morgen in dichtem Verkehrsgewühl von allen Richtungen einfallen und am späten Nachmittag in einem unglaublichen Verkehrsstau wieder heimfahren.

Zur Zeit der Franzosen war Port Louis nach Paris die weltoffenste Stadt Frankreichs. Vor dem Hafen stand stets ein Wald aus Masten von Schiffen aller Herkunftsländer und die neueste Mode, die aktuellsten Bücher und Theaterstücke gelangten oft wenige Wochen nach ihrer Premiere in Paris schon in die elegante Hauptstadt der Ile de France. Auch heute ist Port Louis, trotz der Abwanderung von vielen Büros und Geschäftssitzen in die neu erbaute Cyber City ❺❷, **die wichtigste Stadt auf der Insel** geblieben.

Port Louis ist kein Ort zum gemütlichen Bummeln. Der Verkehrslärm, die Menschenmenge und nicht zuletzt die unebenen Bürgersteige mit den tiefen Wasserrinnen machen ein Umherwandern zur Mühsal und gutes Schuhwerk ist angesagt. We-

▽ *Port Louis mit seinem Hausberg, dem Signal Hill*

gen der wenigen Parkplätze und dem dichten Verkehr ist zu Fuß zu gehen aber immer noch die beste Art der Stadterkundung. Zum Glück liegen die meisten **Sehenswürdigkeiten** im Stadtzentrum. Im Folgenden werden einige der Highlights vorgestellt, die man gesehen haben muss, wenn man sich traut, in das brodelnde Gewühl von Fahrzeugen und Menschen aller Arten, Rassen und Kulturen einzutauchen.

❷ Jummah-Moschee ★★ [D5]

Das **holzgeschnitzte Portal der Moschee** steht im Sinne eines liberalen Geistes Männern und Frauen aus aller Welt offen, die sich für den Islam und die Kultur von Mauritius interessieren. Am liebsten werden Besucher am späten Morgen empfangen und generell in den Vorraum gelassen, von welchem aus man in den Gebetsraum blicken kann, dessen Türen zwischen den Gebeten meistens offen stehen.

› Die Jummah-Moschee befindet sich an der Ecke Route Royale/A1 und Queen Street, eine Querstraße landwärts hinter dem Busbahnhof Gare du Nord.

❸ Chinatown ★★ [E5]

Auch wenn der Anteil der chinesischen Bevölkerung von Mauritius gering ist, so ist doch ihr **kulturelles Erbe** beträchtlich und die Chinatown ist ein heute noch lebendiger Teil davon. Es gibt zwar immer mal Artikel in der Zeitung, in denen der Untergang dieses Stadtteils beweint wird, aber irgendwie scheinen die Bewohner von Chinatown dies nicht mitbekommen zu haben. Sie leben ungeniert ihr Leben, sitzen vor ihren Läden entlang der Straße und verkaufen ihre Schätze aus dem Mutterland.

Ein **Torbogen** markiert den Beginn des Stadtteils, der aus mehreren Querstraßen am Nordrand von Port Louis besteht. Der Bogen ist in altchinesischem Stil gehalten und schon von Weitem zu sehen. Im **Swatow-Laden** neben der HSBC-Bank findet man zahlreiche spannende China-Artikel und die **chinesische Apotheke** um die Ecke bietet ein uriges Ambiente mit Originalausstattung aus dem 18. Jahrhundert. Zahlreiche **Restaurants** und **fliegende Händler** sorgen besonders um die Mittagszeit für das körperliche Wohl der Besucher und der Anwohner.

Da die meisten Chinesen zum Christentum konvertieren mussten, damit sie überhaupt Kuli-Verträge für Mauritius bekamen, wurden die **Tempel** in Chinatown eher in ruhige Seitenstraßen und manchmal sogar in Hinterhöfe verbannt. Die beiden prominentesten Tempel liegen weitab bei der Pferderennbahn und schräg gegenüber der Einfahrt zum Einkaufszentrum Caudan Waterfront ❻. Leider ist das Chinamuseum aus Port Louis weggezogen und befindet sich jetzt in einem modernen Gebäude in Grand Bay ⓫.

Von Chinatown in Richtung Stadtzentrum

Wer von Chinatown aus in Richtung Stadtzentrum wandert, stößt auf den Grünstreifen der **Place d'Armes** mit ihren stolzen Königspalmen. Gleich gegenüber steht vor dem Stadthaus eine majestätische Statue der Königin Victoria. Hier macht die Route Royale/A1 einen Knick und führt Richtung Meer und zur Autobahn M2 hinab, wobei sie sich in die drei parallelen Straßen Queen Elisabeth Street, Place Bissoondoyal und Duke of Edinburgh Ave. teilt.

Das **Mauritius Institute** ist in einem schönen Kolonialgebäude untergebracht. Das Museum, welches u. a. das Skelett und die Nachbildung eines Dodo beherbergt, befindet sich direkt neben dem nachts nicht sicheren, aber tagsüber wirklich sehr sehenswerten Garten **Jardin de la Compagnie**. Hungrige kommen bei den vielen an den Garten angrenzenden Essständen voll auf ihre Kosten, zur Mittagszeit heißt es jedoch anstehen. Gleich dahinter befinden sich das **Stadttheater**, in dem immer noch Aufführungen, aber viel öfter Konzerte stattfinden, und das in einer Nebenstraße liegende **Fotografiemuseum**, das schöne alte Bilder der Insel und weitere sehenswerte Objekte und interessante Informationen bietet. Die katholische **Kathedrale St. Louis** befindet sich ganz in der Nähe hinter dem Obersten Gerichtshof an der Ecke Jules Koenig St., Lislet Geoffroy St. Sie ist tagsüber geöffnet. Auch das **Sterling House**, wo man seine Visumsverlängerung beantragen kann (s. S. 108), ist nur ein paar Schritte entfernt.

Auf der **Pferderennbahn Champs de Mars** werden schon früh am Morgen die kostbaren Vollblüter trainiert und am Samstag ist jeweils die Hölle los, wenn 40.000 Insulaner Siege und Niederlagen feiern.

Die Jungfrau Maria wacht mit viel Liebe und Geduld von ihrem Schrein **Marie Reine de la Paix** hoch über der Stadt. Hier hielt Papst Johannes Paul II. eine Messe ab, als er die Insel besuchte. Auf dem Hügel gegenüber thront das von den Engländern 1843 erbaute **Fort Adelaide**, im Volksmund auch „die Zitadelle" genannt. Früher fanden hier Konzerte statt, seit einigen Jahren steht das Gebäude aber leer.

■ **Fotografiemuseum** <001> Rue du Vieux Conseil, geöffnet Mo–Fr 10.30–15 Uhr, Eintritt 300 Rupien. Die imponierende Privatsammlung beherbergt alte Kameras, Fotos und zeigt ein Stück altes Mauritius.

■ **Jardin de la Compagnie/Company Garden** <002> Park im Stadtzentrum von Port Louis, tagsüber sehenswert, nachts ein eher unsicherer Ort.

■ **Kathedrale St. Louis** <003> Katholische Kathedrale mit Springbrunnen und ehemaliger bischöflicher Residenz. Tagsüber ist die Kathedrale geöffnet.

■ **Marie Reine de la Paix** <004> Msgr. Leen Street, Signal Hill, Port Louis. Am Signal Hill gelegener Schrein mit Gebetsraum und schönem Garten.

■ **Mauritius Institute** <005> Chaussee Street, neben dem Company Garden, geöffnet Mo/Di/Do 9–16 Uhr, Sa/So 9–12 Uhr. Eintritt frei. Naturhistorisches Museum.

■ **Pferderennbahn Champs de Mars** <006> Hier finden Mai bis November jeden Samstag Rennen statt.

◁ *Eingang einer Zeitungsredaktion in Chinatown*

- **Place d'Armes** <007> Früher Waffenplatz, heute ein mit Königspalmen bestückter Grünstreifen im Zentrum von Port Louis.
- **Stadttheater** <008> Das erste Theater der südlichen Hemisphäre wurde 1995 renoviert. Wenn keine Aufführungen oder Konzerte stattfinden, kann es besichtigt werden.

❹ Aapravasi Ghat ★★ [D5]

Nördlich des **Postal Museum** (s. S. 16) liegt ein Ort, der im Lauf der Zeit an Fläche, nicht jedoch an Bedeutung abgenommen hat, und der von der UNESCO zum **Weltkulturerbe** erklärt wurde: Im Verlauf seiner Existenz war Aapravasi Ghat für insgesamt eine halbe Million Menschen **Landestelle** und **Depot**. Hier wurden **Kulis** und **Zwangsarbeiter** aus Afrika, Madagaskar, China, jedoch hauptsächlich aus Indien nach der Ankunft kontrolliert und registriert, bevor man ihre Verträge lokal verkaufte oder sie in die weiter entfernt liegenden Kolonien verschiffte. Aapravasi Ghat war die Drehscheibe des modernen und gigantischen **Handels** der Engländer mit **Menschen**, die nicht mehr Sklaven genannt wurden, weil man die Sklaverei ja abgeschafft hatte: Kuli- oder Zwangsarbeitersystem war der neue Name für das alte Übel. Der Besuch von Aapravasi Ghat lohnt sich, auch wenn nicht mehr viel von der einst ausgedehnten Anlage übrig ist.

› geöffnet: tgl. 9–16 Uhr, das lokale Museum bietet Informationen zur Slaverei und Zwangsarbeit

❺ Zentralmarkt ★★★ [D5]

Die Lage des gleich hinter dem Hafen gelegenen Zentralmarktes findet ihren Ursprung in der Zeit, in welcher die Güter direkt von den Schiffen auf die Verkaufstische kamen. Verkauft wird eine **bunte Mischung** von exotischem Gemüse und Heilkräutern über Gewürze, Lotterielose, Bücher und Zeitschriften bis zu Souvenirs.

Am Donnerstag wird der reguläre Markt zum Zentralmarkt, aber er ist an allen Wochentagen ein Erlebnis. Die **Fleischstände** und auch der **Fischmarkt** sind vielleicht allein schon wegen des Geruchs nicht je-

dermanns Sache. Der auf der anderen Seite der Gasse gelegene **Gemüse- und Früchtemarkt** ist aber eine Sensation. Stand an Stand reihen sich liebevoll aufgetürmte, farbenfrohe exotische Delikatessen, die lautstark angepriesen werden. Hier kauft Mauritius und man findet ein spannendes und auch sehr fotogenes Szenario. Gleich nebenan wird die ganze Palette einheimischer Köstlichkeiten angeboten. **Inselessen aus der Hand:** Von Faratah, Roti und Dholl-Puri-Fladenbroten mit würziger Füllung bis hin zu chinesischen Nudeln und Fischbällchen, Briyani, gebackenem Reis, allen Arten von Sandwiches und gewürzten Früchten wird die ganze Palette an lokalen Spezialitäten von enthusiastischen Verkäufern angeboten. Die überall erhältliche **Limonade** aus kleinen Rodrigues-Zitronen ist zwar frisch, aber oft übersüß. Auch das typischste Getränk von Port Louis, **Alouda**, ist nicht wirklich durstlöschend. Vielmehr handelt es sich dabei um ein aufgeschäumtes, mit Agar Agar und Mandelessenz versetztes, stark gezuckertes und bunt gefärbtes Milchgetränk. Nicht jedermanns Geschmack, aber wenigstens einmal sollte man es probiert haben, sagen die Verkäufer.

Auch im ersten Stock stehen dicht gedrängt Marktstände, an denen **Souvenirs** aus Indien, China, Madagaskar und einige davon vielleicht sogar aus Mauritius angeboten werden. Schon wegen der Stimmung lohnt es sich, dort mal hochzusteigen. Lassen Sie sich nicht bedrängen, kaufen Sie keine Gewürze (die gibt es im Supermarkt bestimmt billiger), aber wenn Sie ein Talent zum Handeln und Feilschen haben, können Sie es hier voll ausleben.

› Mo–Sa 6–18 Uhr, So 6 Uhr bis Mittag

❻ Caudan Waterfront ★★ [D5]

Mit der Straße zum Markt durch eine Unterführung verbunden, entstand 1996 auf dem Gelände ehemaliger Lagerhäuser ein **neuer Stadtteil**. Die im Neokolonialstil gehaltenen Gebäude mit ihren 170 Läden, Kinos, Bars und Restaurants sowie Büros, Banken und Reisebüros sind als „Le Caudan Waterfront" bekannt.

Hier findet man neben internationalen und mauritischen **Edelboutiquen** auch das **Hotel Labourdonnais** mit seiner spektakulären Lobby und den **Crafts Market**, wo einheimische Künstler Kostproben ihres Könnens liefern.

In einer Ecke des Caudan-Zentrums, gleich neben dem Jachthafen, befindet sich das **Blue Penny Museum**. Hier wird die wohl berühmteste Briefmarke der Welt, die **Blaue Mauritius**, in einem speziell angefertigten Tresor aufbewahrt und jede Stunde für ein paar Minuten zur Schau gestellt.

Der **Food Court** ist die gepflegte Version des kulinarischen Marktes: Es gibt allerlei Inseldelikatessen, aber auch Hamburger, Pizza und vegetarische Küche. Gegessen wird auf großen Bänken unter Sonnenschirmen.

■ **Blue Penny Museum** <009> Le Caudan Waterfront, www.bluepennymuseum.com, Mo–Fr 10–16.30 Uhr, Eintritt 245 Rupien, Kinder 7–17 Jahre 145 Rupien. Letzter Einlass um 15.30 Uhr, da die kostbare Blaue Mauritius im Stundentakt gezeigt wird.
■ **Casino** <010> Le Caudan Waterfront, Eintritt ab 18 Jahren, Automatenspiele

◁ *Auf dem Zentralmarkt findet man eine bunte Mischung von allem, was die Insel zu bieten hat*

10–2 Uhr, Kartenspiele am Tisch und Roulette 20–4 Uhr. Das Casino mit spektakulärer Piratenschiff-Fassade bietet in gepflegtem und ruhigem Ambiente Blackjack, Poker und Roulette.

■ **Postal Museum** <011> Port Louis Waterfront, M2, Tel. 2134812, geöffnet: Mo-Fr 9.30–16.30, Sa 9.30–15.30 Uhr, Eintritt frei. Das Postmuseum beleuchtet die Geschichte der Post auf einer kleinen Insel im Wandel der Zeiten. Es ist im historischen Postgebäude untergebracht.

Strände

Port Louis hat als echte Hafenstadt natürlich keine Strände. Der nächste Sandstrand befindet sich aber gleich nebenan im nördlicheren **Baie du Tombeau**. Auf der anderen Seite von Port Louis, in **Pointe aux Sables**, können Leute, die gerne Containerschiffe und Tanker bei der Anfahrt beobachten dies von mehreren überraschend sauberen Sandstränden aus tun. Leider ist die Gegend nach Einbruch der Dunkelheit aber ziemlich unsicher.

⌐ *Das Einkaufszentrum Caudan Waterfront* ❻ *befindet sich am teilweise aufgeschütteten alten Hafenbecken*

Infos und Reisetipps

■ **MTPA Tourism Office (Port Louis)** (s. S. 114) Die Touristeninformation ist zentral gelegen. MTPA steht für Mauritius Tourism Promotion Authority.

Vom **Busbahnhof La Gare du Nord** wird der nördliche Teil der Insel bedient. Von der **Victoria Station** (auch **La Gare Victoria** genannt) verkehren Busse ins Zentrum der Insel sowie in den Süden. Die beiden Stationen sind durch ein Netz von Kleinbussen, sog. Navettes, verbunden. An den Bahnhöfen gibt es auch Taxistände.

Port Louis hat ein **extremes Klima**. Im Sommer ist es brütend heiß und während der Regenzeit können sich plötzlich regelrechte Fluten auf die Stadt ergießen. Es gilt, vor einem Stadtbesuch zu überlegen, wie weit und wie lange man zu Fuß unterwegs sein wird, und genügend Wasser mitzunehmen, wenn man zum Beispiel nach Marie Reine de la Paix oder zum Fort Adelaide emporsteigen will.

Kostenloses WLAN gibt es im gesamten Bereich des Caudan Waterfront und in den öffentlichen Räumen von Telecom im Telecom Tower an der Edith Cavell Street.

Unterkünfte

- **Hotel Labourdonnais** $^{\$\$\$}$ <012> Le Caudan, Port Louis, Tel. 2024000, www.labourdonnais.com. Das erste Hotel von Port Louis, mit allem Luxus, den man sich vorstellen kann und in bester Lage direkt im Stadtzentrum. Das Restaurant mit Bar im Erdgeschoss ist eines der Highlights an der schicken Einkaufsmeile Le Caudan Waterfront.
- **Le Suffren Hotel** $^{\$-\$\$}$ <013> www.lesuffrenhotel.com, Le Caudan, Port Louis, Tel. 2024900. Stadthotel für Business-Gäste und unternehmungsfreudige Stadtbesucher, mit der bei den jungen Mauritiern sehr beliebten Garten-Bar La Boussole. Hier findet man sich zur Happy Hour ein und oft gibt es Konzerte einheimischer Interpreten wie Zulu oder Eric Triton. Ein Wassertaxi verbindet das Hotel mit der Anlegestelle des Einkaufszentrums Caudan Waterfront.
- **Mon Choix Eco Lodge/Bed & Breakfast** $^{\$}$ <014> Upper Vallée des Prêtres, Tel. 2170581, www.ecomauritius.com. Winzige, mit einfachem Komfort ausgestattete Lodge, nur ein paar Minuten vom Gewimmel der Stadt, auf 216 Metern, wo die Luft erfrischend und der Blick über das Lichtermeer am Abend fantastisch ist. Die umweltbewusste Einstellung der Besitzer ist fühlbar.

Essen und Trinken

- **Crêperie du Soleil aux Sucres** $^{\$}$ <015> The Waterfront, Port Louis, Tel. 59301839, geöffnet: täglich 10-18 Uhr. Gleich neben dem Blue Penny Museum (s. S. 15) befindliche Mini-Crêperie, in der man auch Fangourin, den echten Zuckerrohr-Saft, genießen kann. Besonders erfrischend: Fangourin mit Ingwer und Zitrone oder Tamarinde! Die Crêpes gibt es süß oder herzhaft – genau das Richtige für den kleinen Hunger.
- **La Bonne Marmite** $^{\$\$\$}$ <016> 18 Sir William Newton Street, Port Louis, Mo–Fr 11.30-14.30 Uhr. Hier kann man die mauritische Küche erleben. Es sind vegetarische Spezialitäten im Angebot und wer ein großes Fest plant, kann sich die Gerichte sogar frei Haus liefern lassen.
- **Lambic Coffee Shop** $^{\$\$}$ <017> St. Georges Street 4, geöffnet: Mo–Fr 8-22, Sa bis 22.45 Uhr. In einem Kolonialhaus gelegen, Lounge, Restaurant und umfangreichster Bierladen der Insel mit eigener Mikrobrauerei (The Flying Dodo). Biersorten aus allen Ecken der Welt, aber auch frische Fruchtsäfte sind im Angebot.
- **Rice n Roll** $^{\$}$ <018> Ecke Barthélemy Street und D'Artois Street, Port Louis, geöffnet Mo–Sa 10.30-20 Uhr. Asia-Fusion-Gerichte zum Minipreis, selbstgebackene Törtchen und Cupcakes. Das Restaurant serviert kein Schweinefleisch, dafür Huhn, Fisch und vegetarische Gerichte. Auch als Take-away.
- **The Secret Garden Restaurant** $^{\$\$}$ <019> Poudrière Street, geöffnet: Mo–Fr 7.30-16 Uhr. Im ehemaligen Hinterhof trifft sich „tout Port Louis" zum Frühstück und Mittagessen. Der Garten ist schattig, die Preise angenehm und es gibt leckere Tagesmenüs. Schräg gegenüber liegt die anglikanische St. James Kathedrale in einem ehemaligen Pulverdepot (frz. „poudrière"), was den Namen der Straße erklärt.

Nachtleben

Ein Nachtleben mit Discos findet in Port Louis nicht statt, außer in den Bars der **Hotels** und an der **Caudan Waterfront** ❻, wo die Kinos und Restaurants bis spätabends geöffnet sind und das **Casino** (s. S. 15) sogar bis 4 Uhr morgens.

Theatervorstellungen, Konzerte und Tanzveranstaltungen werden in der Tagespresse bekannt gegeben.

Der Norden

Vor etwa 80 Jahren baute eine Sippe von **Zuckerbaronen**, die vom kühlen und regnerischen Curepipe genug hatten, die ersten **Ferienbungalows** am langen Sandstrand von Grand Bay. Aber es dauerte noch ein paar Jahrzehnte, bis Baden chic wurde, die Touristen kamen und an zuvor unbekannten Orten wie Pointe aux Piments, Trou aux Biches, Péreybère Mon Choisy und Calodyne neben den Wochenendhäusern der weißen Oberschicht die ersten **Hotels** erbaut wurden.

Grand Bay entwickelte sich wegen seines geschützten Naturhafens zur **Tourismuskapitale der Insel** und zog auch viele Einheimische in seinen Bann. Nach dem Bau der Autobahn erlebte die Region einen Aufschwung und wurde auch für Pendler attraktiv. Einstige Fischerdörfer wie Grand Gaube und Calodyne, aber auch Ortschaften im Landesinneren wie Goodlands oder Mapou erleben zurzeit einen neuen **Bauboom** und überall werden Einkaufszentren gebaut.

Immer höher wachsen Immobilien von teils gigantischen Ausmaßen, welche das Gesicht dieser einst so abgelegenen und charmanten Region dramatisch verändern.

Die Landschaft hinter der belebten Küstenzone ist immer noch von „König Zucker" geprägt und während eines halben Jahres meint man mitunter durch einen grünen Dschungel zu fahren, so hoch steht das Zuckerrohr links und rechts der Straße.

Etwas erhöht im Hinterland liegend, hat **Pamplemousses**, das einstige Zentrum kultivierten Insellebens, durchaus seinen ursprünglichen Charme bewahren können. Hier steht die zweitälteste Kirche von Mauritius neben dem vermutlich ältesten erhaltenen Gebäude der Insel. Der historische Friedhof befindet sich auf der anderen Straßenseite. In einem Weiler neben Pamplemousses hat die ehemalige Lehrerin Nishta ihren Traum verwirklicht und bietet in ihrem Atelier Bilder, tropische Elixiere, Öle und handgemachte Seifen.

› **Mystic Sphere** <020> Shivala Rd., Mon Gout, Tel. 58205177. Telefonische Voranmeldung nötig.

Ganz in der Nähe zweigt das 2014 eröffnete Teilstück der Autobahn ab. Es verbindet großflächig um Port Louis herumführend den Norden mit Quatre Bornes, Curepipe und somit auch dem Flughafen. Leider ist die Strecke wegen baulicher Mängel seit Langem nicht ungehindert befahrbar. Umleitungen erschweren die Durchfahrt. Aber auch das ist immer noch besser als die Fahrt durch Port Louis.

❼ Pamplemousses Garden ★★★ [F4]

Im Jahr 1735 als Gemüsegarten des Gouverneurs angelegt und später von dessen findigem Freund Pierre Poivre mit Spezies aus allen Kolonien zum Prunkstück gemacht, hieß der Garten ursprünglich **Mon Plaisir**, nach dem Schloss, welches sich in seiner Mitte befand. Nach der Machtübernahme durch die Engländer wurde er schleunigst umgetauft, auch noch mit Schätzen aus den britischen Kolonien angereichert und schließlich mit den prestigeträchtigen englischen Kew Gardens verbrüdert.

Den alten französischen Gouverneurspalast ließen die Engländer verrotten. Die Ruine wurde 1820 durch ein neues Gebäude ersetzt, welches auch heute noch im Zentrum des Gartens steht.

Der Norden

Pamplemousses konkurriert mit dem Botanischen Garten in Sydney um den Rang des ältesten botanischen Gartens der südlichen Halbkugel. Der Park beherbergt auf einer Fläche von 37 Hektar **mehr als 500 Baumsorten**, davon allein 85 verschiedene Palmenarten wie die berühmte Talipot-Palme, aber auch **rare Blumen** wie die großblättrige Amazonas-Seerose, der indische Lotus und die Nationalblume Trochetia. So vieles gibt es zu bestaunen, dass es empfehlenswert ist, sich für 50 Rupien einer der regelmäßig stattfindenden **Führungen** anzuschließen.

Die Besichtigung lässt sich gut mit einem **Picknick** im Schatten der vielen Bäume oder auf der kleinen **Insel** inmitten des künstlichen Sees verbinden. Es ist empfehlenswert, **genügend Wasser mitzunehmen**, denn im riesigen Park gibt es kein Restaurant, keinen Kiosk und keinen einzigen Erfrischungsstand. Zum Glück findet man im Park viele lauschige Plätzchen zum Ausruhen und eine Reihe von Restaurants entlang der Straße zum Eingang.

An den Sonntagen ist der Eintritt für die Mauritier kostenlos und der Park darum sehr stark frequentiert. Besucher, die lieber in Ruhe über die schmalen Pfade wandeln möchten, sollten besser einen anderen Wochentag für ihren Besuch auswählen.

› Eingang: Mapou Road, Pamplemousses, geöffnet: tgl. 8.30–17.30 Uhr, Eintritt: 200 Rupien

Essen und Trinken

› **Chez Tante Athalie** $$-$$$ <021> Tel. 2439266. In einem wunderschönen Garten an der Straße nach Flacq gelegenes sympathisches Restaurant. Benannt nach der kulinarisch versierten Tante eines Liebhabers von historischen Autos, welche vor dem Lokal geparkt sind. Das Essen ist traditionell, es gibt ein Tagesmenü mit einigen Variationen. Vegetarier sind gut beraten, ihren Besuch anzumelden.

› **Le Botanique** $-$$ <022> Eher unscheinbar aussehendes Restaurant an der Hauptstraße gegenüber dem Botanischen Garten. Gute Inselküche mit all den typischen Gerichten. Sehr gutes Preis-Leistungs-Verhältnis.

› **Le Fangourin** $$-$$$, im Zuckermuseum ❽, Tel. 2437900, Öffnungszeiten entsprechend dem Zuckermuseum. Als Teil des Museums, der aber auch hungri-

Riesiger alter Baobab-Baum im Garten von Pamplemousses

Der Norden

EXTRATIPP

Ausflug zu den nördlichen Inseln

Die nördlichen Inseln scheinen alle irgendwie durcheinandergeraten zu sein. **Flat Island** ist beileibe nicht flach, es gibt keine Schlangen auf der **Ile aux Serpents** und **Round Island** sieht von der Vogelperspektive aus betrachtet eigentlich eher so aus, als habe ein Riese ein Stück herausgebissen. Zudem wächst der Busch namens **Baume de l'Ile Plâte**, von dem es weltweit nur noch einige Exemplare gibt, gar nicht auf der gleichnamigen ehemaligen Quarantäneinsel mit dem Leuchtturm, sondern auf der durch einen strömungsreichen Kanal getrennten, viel kleineren **Ilot Gabriel**.

Ein Besuch der nördlichen Inseln ist jedoch auf jeden Fall ein Erlebnis und zahlreiche kleine und große Boote sowie Katamarane bieten Tagesausflüge mit Baden, Schnorcheln, Picknick und auch Tauchexkursionen an.

Da sich die Inseln außerhalb der geschützten Lagune befinden, sollten Menschen mit empfindlichem Magen erwägen, mindestens eine halbe Stunde vor Abfahrt eine Tablette gegen Seekrankheit einzunehmen.

An der markanten Felseninsel **Coin de Mire**, welche direkt vor der Nordküste aufragt, kann nur mit kleineren Booten angelegt werden. In den vielen Höhlen und Löchern ihrer Steilküste brüten Hunderte von Weißschwanz-Tropikvögeln, die mit dem Wind auf und absegeln – ein unvergesslicher Anblick!

Bootstouren:
› **Delphin** <024> Tel. 2637647 oder 52554935. Die traditionelle Piroge segelt ab Grand Bay zu den schönsten Buchten und Stränden des Nordens. Wegen ihrer geringen Größe kann sie auch auf der Insel Coin de Mire anlegen. Die Besitzerin spricht deutsch. Anlegestelle im Hafen von Grand Bay ⓫, hinter dem Sunset Boulevard.
› **Dreamcatcher** <025> www.dreamcatcher-mauritius.com, Tel. 57050795 (deutsche Nummer: 089 45814992). Mit dem Dreamcatcher, einem kleinen, aber feinen Katamaran im Norden, können Einzelpersonen und Gruppen bis 10 Personen Touren nach Flat Island unternehmen. Hier sind Extrawünsche kein Problem und auch Hochzeiten oder die Erneuerung des Eheversprechens können per Absprache mit den deutsch sprechenden Betreibern realisiert werden. Anlegestelle im Hafen von Grand Bay ⓫, hinter dem Sunset Boulevard.
› **Top Cat** <026> Auskünfte und Reservierung Tel. 57908123 und 59173427. Ausflüge zu den Inseln des Nordens mit Barbecue Lunch und Getränken, Schnorchel-Ausrüstung inbegriffen. Der Katamaran liegt an der Anlegestelle hinter dem Sunset Boulevard in Grand Bay ⓫ und man kann jeweils nach Ankunft des Bootes am späten Nachmittag auch gleich vor Ort reservieren.

gen Passanten offensteht, bietet dieses charmante Gartenrestaurant eine kreative und trotzdem traditionelle franko-mauritische Küche mit kulinarischen Highlights auch für Vegetarier.
› **Wienerwalzer Cafe** $-$$ <023> Powdermill Road, Pamplemousses, Tel. 2438465. Das Kaffeehaus befindet sich hinter der Kirche, etwa 3 Gehminuten vom Eingang des Botanischen Gartens. Wer Lust auf eine kleine Mahlzeit oder auf Kaffee und Kuchen hat, findet hier das ideale Umfeld. Die Quarktorte schmeckt hervorragend.

▷ Das L'Aventure du Sucre befindet sich in einer ehemaligen Zuckerfabrik

Der Norden

⑧ Zuckermuseum ★★ [F4]

L'Aventure du Sucre oder „Abenteuer Zucker" ist ein treffender Name für die ehemalige Zuckerfabrik Beau Plan, die eine authentische Kulisse für die im Museum dargestellte **Geschichte des Zuckers** bildet. Sehr schön präsentiert die zum Teil interaktive Ausstellung um den einst wichtigsten Exportartikel im Wandel der Zeiten. Das Museum ist für Erwachsene und Kinder geeignet und hervorragend zum Verbringen von Regentagen. Man kann auch **Zucker und Rum testen** und es gibt ein Souvenirgeschäft sowie das Restaurant Le Fangourin mit anspruchsvoller Inselküche. Eine kleine Welt für sich und ein schöner Rückblick in die heute von gigantischen Großunternehmen gesteuerte Zuckerindustrie der Insel.

› L'Aventure du Sucre, Beau Plan, Pamplemousses, www.aventuredusucre.com, geöffnet: tgl. 9–17 Uhr, Eintritt: 350 Rupien, Kinder 6–12 Jahre 175 Rupien. Mit Restaurant Le Fangourin $$-$$$.

⑨ Château Labourdonnais ★★ [G3]

Im Jahr 1859 erfüllte sich der aus Dänemark eingewanderte Deutsche **Christian Wiehe** seinen Lebenstraum und erbaute hinter Pamplemousses, in einer Ortschaft namens Mapou, sein Château Labourdonnais, in dem er fortan mit seiner Familie lebte. Wiehe hatte es im **Zuckerhandel** zu einigem Wohlstand gebracht und war ein passionierter Gutsherr. Das aus Naturstein und Holz gebaute, jedoch mit den Jahren etwas ramponierte Gebäude stand nach dem Ableben des letzten direkten Nachkommen plötzlich leer. Es bedurfte dringender Reparaturen und einer Totalsanierung des Dachs. Die Familie Wiehe handelte rasch und konsequent: Ein Team von Spezialisten restaurierte das historische Gebäude und den Garten in mehrjähriger Arbeit originalgetreu. Heute ist das ehemalige Château ein anschauliches **Zeugnis kolonialen Lebens** und in jedem Fall einen Besuch wert.

› Château Labourdonnais, Mapou, die Anfahrt ab der Autobahn M2 ist ausgeschildert, www.unchateaudanslanature.com, geöffnet: tgl. 9–17 Uhr, Eintritt: 350 Rupien, Kinder 6–12 Jahre 175 Rupien

❿ Maheshwarnath-Tempel, Triolet ★   [E3]

Einer der bekanntesten und größten **Hindu-Tempel** befindet sich in der Ortschaft Triolet neben einem imposanten Banyan-Baum. Das Hauptgebäude wurde im Jahr 1819 zu Ehren der Götter Shiva, Krishna, Vishnu, Muruga, Brahma und Ganesh erbaut und vergrößerte sich im Laufe der Jahre stetig. Die **Skulpturen** sind sehenswert und auch die **Gartenanlage** ist einen Rundgang wert.

⓫ Grand Bay ★★   [F2]

In der **Hauptstadt des Tourismus** herrscht Tag und Nacht Betrieb. Es locken Restaurants und Cafés, Nobelboutiquen und neugebaute Mega-Einkaufszentren wie Super U oder La Croisette. Am Morgen und am Nachmittag bricht eine wahre Flotte von **Ausflugsbooten** auf, zu Exkursionen auf die vorgelagerten Inseln oder zum Hochseefischen. Am Montag und Samstag findet an der Hauptstraße ein **Früchte- und Gemüsemarkt** statt.

Das **Chinese Heritage Museum**, das früher in Port Louis beheimatet war, hat in der ersten Etage des neuen Geschäftsgebäudes an der Ecke Route de la Salette, Route Royale eine neue Heimat gefunden. Für 150 Rupien können die Besucher sich in das Leben chinesischer Einwanderer hineinversetzen (geöffnet Mo–Sa 9–19.30, So/Feiertage 9.30–13.30 Uhr, Kinder zahlen die Hälfte).

Die Hauptstraße ist leider, wie fast überall auf Mauritius, nicht wirklich zum Flanieren geeignet. Neben lärmenden Fahrzeugen und Verkaufsständen aller Art sind hier aber auch zahlreiche **Reisebüros** und **Auto-/Motorradvermieter** angesiedelt. Nirgendwo findet man so viele **Restaurants**, **Imbissbuden** und **Verkaufsstände** wie in Grand Bay. Einige nahe den Nachtklubs gelegene **Snackbars** haben sogar rund um die Uhr offen, um den Nachtschwärmern eine kleine Stärkung bieten zu können.

Grand Bay erstreckt sich um die Bucht herum und hat **zwei eigene Strände**, von denen sich der ruhigere an der linken Seite, am Anfang der drei Kilometer langen

Straße, welche Pointe aux Cannoniers mit Grand Bay verbindet, befindet. Der andere, La Cuvette oder im Volksmund einfach „Public Beach" genannt, liegt zwischen den Hotels Royal Palm und Veranda am anderen Ende Grand Bays und wird von Straßenverkäufern und Imbissbuden gesäumt. Gleich dahinter liegt **Péreybère**, eigentlich ein unabhängiger Ort, der jedoch oft als Teil von Grand Bay betrachtet und wegen seines wunderschönen, halbmondförmigen Strandes von Einheimischen und Touristen zum Baden bevorzugt wird.

Unterkünfte

> **Hotel Intercontinental Balaclava** $$$-$$$$
<027> Coastal Road, Balaclava, Tel. 2611200. Wer sich mal so richtig verwöhnen lassen will, ist in diesem Hotel der internationalen Luxusklasse am weißen Sandstrand, ganz in der Nähe eines Meeresschutzgebietes, goldrichtig. Hier finden auch Gäste mit Gehbehinderung und Rollstuhlfahrer Entspannung und Luxus pur.

Weiße Sandstrände und die einladende Lagune prägen das Gesicht des Nordens

EXTRATIPP

Ile d'Ambre

Diese im Nordosten vor Mauritius liegende flache Insel hat nur zwei kleine Strände und ist deshalb nicht für den Massentourismus geeignet. Ihren Namen hat sie aller Wahrscheinlichkeit nach vom sogenannten Ambergris, dem kostbaren Sekret der Pottwale.

Seit Piraten und Freibeuter die Ile d'Ambre unsicher machten, ist viel Zeit vergangen, aber die Legende von verborgenen Schätzen hält sich hartnäckig. Im Laufe der Zeit hat um die Insel herum eine sanfte Entwicklung stattgefunden: Die **Mangrovenwälder** haben sich erholt. Einst von den Briten im Kampf gegen die Malaria eliminiert und von der Regierung vor etwas mehr als 10 Jahren wegen der gravierenden Erosion wieder angepflanzt, bilden die im Wasser stehenden Wälder mit den riesigen Wurzeln nicht nur Nährboden und Kinderstube für Fische, sondern auch eine magische Welt, die im **Seekajak** entdeckt werden kann.

> **Seekajaktouren durch die Mangrovenwälder und zur Ile d'Ambre:** www.yemayaadventures.com, Patrick Haberland, Tel. 57520046

› **Palm Garden** $-$$ <028> La Salette, Grand Bay, Tel. 2637647 oder 52554935. Gediegene Ferienwohnung und Penthouse mit Pool. Die Besitzerin spricht deutsch.
› **Veranda Grand Bay Resort and Spa** $$ <029> Route Royale, Grand Bay, Tel. 2098000. Sympathisches Familienhotel in bester Lage gleich neben dem luxuriösen Royal Palm Hotel gelegen.
› **Villa Cattleya** $$$-$$$$ <030> Private Lane, Grand Bay, Tel. 59403129, www.exclusive-mauritius-villas.com. Warum ein Zimmer im Hotel buchen, wenn man auch in der perfekten Luxusvilla wohnen kann! Einst Wochenendhäuschen eines Zuckerbarons, war die Villa Cattleya eines der ersten Gebäude am Strand von Grand Bay. Interessant für Familienurlaub und Gruppen von Freunden.

Essen und Trinken

› **Beach House** $$ <031> geöffnet: Di–So 11.30 bis Open End (das kann schon mal nach Mitternacht sein), Tel. 2632599. Zwischen Hauptstraße und Strand gelegenes Kultlokal in urigem Stil mit Bar und Cocktail-Lounge samt Terrasse auf dem Dach. Die Parkplätze befinden sich ein Stück weiter weg auf der anderen Straßenseite, neben der Apotheke Ducasse.
› **Café Müller** $$ <032> Route Royale, Grand Bay, Tel. 2635230, Di–Fr, So 8–17 Uhr, Sa 10–14 Uhr legendärer Brunch. Mauritius meets Germany – die gute Mischung aus Südsee-Paradiesgarten und Boulevardcafé mit Leihbibliothek und Kinderspielecke. Hier gibt es Kuchen, Eisschokolade und Apfelstrudel, aber auch frische Fruchtsäfte und Tagesmenüs mit lokalem Einschlag.
› **Happy Raja** $$$ <033> Super U, Grand Bay, geöffnet: tgl. 11.30–14.30 und 18–22 Uhr. Dieses indische Restaurant ist Teil des ausgebauten Super-U-Einkaufscenters. Im Angebot sind Gerichte aus Indien und ein paar lokale Spezialitäten. Ein Ableger des Happy Raja befindet sich im Phoenix-Geschäftshaus in Quatre Bornes.
› **Le Capitaine** $$$ <034> Route Royale, Grand Bay, Tel. 2636867, tgl. 11.30–15 und 18–22 Uhr. Populäres Seafood-Restaurant mit großartigem Angebot und riesiger Terrasse mit Meersicht. An den Wochenenden oder zu besonderen Anlässen spielen hier lokale Musiker.
› **Le Pescatore** $$$-$$$$ <035> Coastal Road, Trou aux Biches, geöffnet Mo–Sa 9–14 und 19–22 Uhr, Tel. 2656973. Exklusives Strandrestaurant mit franko-mauritischem Einschlag und romantischem Ambiente. Hier werden neben Fischgerichten auch die Spezialitäten kreolischer Küche serviert – vom Palmherzensalat bis zu Samoussas.
› **Palais du Chine** $$ <036> an der Hauptstraße, gleich neben dem Fischmarkt, Tel. 2637120. Hier wird chinesisches Essen im Inselstil serviert. Vor allem die Fischgerichte sind ausgezeichnet und erfreuen sich auch bei Einheimischen großer Beliebtheit.

Nachtleben

Innerhalb der letzten Jahre hat sich die Partyszene vor allem in der Touristenhauptstadt Grand Bay ganz schön entwickelt. Es finden regelmäßig **Events** statt und auch internationale Superstars wie David Guetta werden dazu eingeflogen.

Weil die meisten Klubs erst ab 22 Uhr die Tore öffnen, kann man sich erstmal im **Banana Beach Club** bei Livemusik und generell guter Stimmung aufwärmen. Seit der Club mit dem ehemaligen Zanzibar fusionierte, kann man hier auch gleich die ganze Nacht abtanzen. Die derzeitigen In-Klubs heißen **Safari-Bar**, **OMG** und **Alkatraz**, alle findet man auf Facebook, wo auch gleich die kommenden Special Events bekannt gegeben werden. Gäste können in der VIP-Lounge mit Terrasse und privatem Dancefloor ganz unter sich bleiben. Die Musik mit Techno und berühmten Gast-DJs ist auf jüngeres Publikum ausgelegt.

Und auch sie gibt es noch, die unverwüstliche **Buddha Bar**! Der legendäre Klub ist von der Hauptstraße an die ein paar Querstraßen weiter hinten gelegene Chemin 20 Pieds umgezogen. Hier treffen sich nach wie vor einheimische Kids, Touristen aus aller Welt und Suchende aller Altersklassen.

Neben dem OMG sorgt das **Insomnia** getreu seinem Namen für schlaflose Nächte – wohl ab und zu auch die der Anwohner. Es läuft das Neueste in House und Techno für ein top-gestyltes Publikum. **Les Enfants Terribles** in Pointe aux Cannoniers hat sich mittlerweile auch einem jüngeren Publikum angepasst. Internationale DJs sorgen für Stimmung.

› **Banana Beach Club** <037> Route Royale, tgl. ab 22 Uhr, So ab 18 Uhr
› **Buddha Bar** <038> Chemin 20 Pieds, Fr/Sa ab 22 Uhr
› **Insomnia** <039> Route Royale, Fr/Sa ab 23 Uhr
› **Les Enfants Terribles** <040> Route Royale, Pointe aux Cannoniers, Fr/Sa ab 19 Uhr
› **OMG** <041> Route Royale, Fr/Sa ab 23 Uhr

⑫ Cap Malheureux/ Bain Boeuf ★★ [F2]

Entgegen der landläufigen Meinung stammt der Name **Cap Malheureux** oder Unglücks-Kap nicht daher, dass die Engländer einst hier landeten. Ganz im Gegenteil: Hätten sie es versucht, dann hätte die Geschichte von Mauritius einen anderen Verlauf genommen. Die englischen Schiffe wären nämlich genau wie alle anderen vor ihnen auch an der Felsenküste zerschellt, von der die Ortschaft wirklich ihren Namen hat. Gelandet sind die Engländer tatsächlich im knapp 2 km südöstlich gelegenen Dorf mit dem profanen Namen **Bain Boeuf**, wie einem kleinen Denkmal am dortigen Strand entnommen werden kann.

Cap Malheureux ist heute vor allem wegen der kleinen Kirche mit dem roten Dach berühmt und viele Besucher planen nur einen Fotostopp ein, bevor sie weiterfahren. So entgeht ihnen der **Strand von Pointe aux Roches**, der hinter den Basaltfelsen am linken Ende der Bucht liegt und wirklich sehenswert ist.

Kunsthandwerk

› **Studio 44/The Craft Corner** <042> Royal Road, Calodyne, www.studio44mauritius.org. Barbara und Jean Claude Desvaux de Marigny haben ihre Leidenschaft zum Beruf gemacht. Sie stellen in Handarbeit Träume aus farbigem Glas her. Besucher können die ausgestellten Kunstwerke bewundern, den Künstlern bei der Arbeit zusehen und eigene Armband-Kreationen aus handgefertigten Glasperlen zusammen stellen.

Unterkünfte

› **Paradise Cove** $$$-$$$$ <043> Route Royale, Anse La Raie Tel. 2044000, www.paradisecovehotel.com. Das romantischste Luxus-Boutiquehotel im Norden! In Stil eines indischen Palastes erbaut, mit paradiesischem Garten, Zimmern mit Himmelbetten, Spa und Sport, Tafelfreuden vom Feinsten und einfach allem, was das Herz derer begehrt, die sich für ihren Urlaub auf der Trauminsel keine finanziellen Beschränkungen auferlegen wollen.

› **Villa Banyan** $-$$ <044> Royal Road, Grand Gaube, Tel. 2880928, www.villa-banyan.com. Sechs voll ausgestattete Bungalows stehen inmitten eines Gartens mit Gemeinschaftspool, alle mit Sicht aufs Meer und die nördlichen Inseln. Der Strand befindet sich gleich unterhalb der Anlage. Die ideale Lösung für Reisende mit Familie, Gruppen von Freunden oder Gäste, die gerne für sich sein möchten.

Essen und Trinken

› **Café Péreybère** $$ <045> Route Royale, Public Beach, Péreybère, Tel. 2638700. Wer glaubt, dass dieses Strandhaus mit großem Gartenrestaurant ein Café ist, täuscht sich! Hier wird Chinesisch gegessen, aber natürlich auf mauritische Art. Die Preise sind in Ordnung und das Lokal liegt als eines der wenigen wirklich am Strand. Wenn es sehr voll ist, kann sich das allerdings schon mal auf den Service und die Qualität des Essens auswirken.

› **Le Domaine The Vale** $ <046> Narainen Street, The Vale, Tel. 2635286. Auch wenn der einstige Geheimtipp nicht mehr ganz so geheim ist, stimmen hier doch immer noch die gute Stimmung, das authentische Essen und die Preise. Eine wohltuende Abwechslung von den Lokalen an der Küste. 2 km von Grand Bay in Richtung Port Louis, nach links in die Ausfahrt The Vale abbiegen, dann gleich nach der großen weißen Mauer rechts.

› **Restaurant Amigo Cap Malheureux** $$ <047> Chemin Vingt Pieds, Tel. 2626248, tgl. 11.30–15 und 18–22 Uhr. Die Aussicht ist es nicht, die die Gäste magisch anzieht, wohl aber das hervorragende Essen. Hier treffen sich die Einheimischen. Die Restaurantbetreiber haben sehr gute Kontakte zu den Fischern und dies wirkt sich nicht nur wohltuend auf den Magen, sondern auch aufs Portemonnaie aus.

› **La Terrasse** $$$ <048> Royal Road, Grand Bay, Tel. 2636391, Mi–Mo 10–14 und 17.30–22 Uhr. Dieses bekannte und von Einheimischen geschätzte traditionelle Lokal schräg gegenüber der Küstenwache wird über eine Treppe erreicht. Fisch-Curry und Seafood-Gratin gehören zu den Spezialitäten! Parkplätze sind rar, man sollte lieber zu Fuß kommen oder ein Taxi nehmen.

Der Norden

⓭ Paul-und-Virginie-Denkmal, Poudre d'Or ★ [H3]

Wenn man in der kleinen Ortschaft Poudre d'Or ankommt, fällt einem sogleich die Kirche auf, die einsam auf einem Feld steht. Es handelt sich dabei um die **anglikanische Markuskirche**, die im Jahr 1888 für die dort stationierten englischen Soldaten gebaut wurde. Daran vorbei führt der Weg zu einem Denkmal, das dem untergegangenen Schiff **Saint-Géran** gewidmet ist. Dieses lief, von Frankreich kommend, 1744 in einem Sturm auf das Riff vor Poudre d'Or auf und sank. Dabei fanden 159 Seemänner, 13 Passagiere und 30 Sklaven den Tod. Die Geschichte inspirierte den damals auf den Inseln weilenden französischen Schriftsteller **Bernardin de Saint Pierre** zu seinem Dauerbrenner-Roman von Paul und Virginie, dem unglücklichen Liebespaar, dessen Schicksal sich mit dem Untergang des Schiffes verbindet. (Virginie ertrank beim Untergang der St. Géran, Paul starb deshalb an gebrochenem Herzen). Einige Fundstücke aus dem Wrack befinden sich übrigens im Naval Museum ㉔ in Mahébourg sowie im Blue Penny Museum (s. S. 15) in Port Louis.

⓮ Spiritual Park Pointe des Lascars ★★ [H4]

Im Jahr 1981 kam der berühmte Guru Subramuniyaswami von der hawaiischen Insel Kauai auf Einladung seiner Glaubensbrüder nach Mauritius. Inspiriert durch Visionen, gründete er den „Spirituellen Garten", welcher **der geistigen Entwicklung des Menschen gewidmet** ist. Unter Statuen von indischen Gottheiten und den blühenden Büschen und Bäumen stellt sich ein Gefühl des Friedens ein. Im Mini Mela Shop kann man die passende Literatur kaufen.

Am ersten Sonntag im Monat findet um 10.30 Uhr eine **Zeremonie** mit Meditation **zu Ehren von Ganesh** statt, zu welcher Besucher willkommen sind. Anschließend wird eine vegetarische Mahlzeit gereicht. Zum jährlich stattfindenden Festival „**Ganesh Chathurti**" wird der Park von Besuchern aus aller Welt überschwemmt. Dann kommen Liebhaber von indischen Bräuchen voll auf ihre Kosten und alle anderen können den Park ja an einem anderen Tag besuchen.

› Coastal Road, Pointe Lascars, Tel. 4127172, www.himalayanacademy.com/visit/missions/mauritius/ssc-mauritius, geöffnet: tgl. 7–18 Uhr. Der Park liegt ca. 3 km nordöstlich der Ortschaft Rivière du Rempart an der Mündung des Rempart River.

⓯ Bras D'Eau Nature Reserve ★★ [I5]

In der Nähe der Ortschaft Roches Noires und direkt hinter dem Strand von Poste Lafayette liegt der im Jahr 2011 eingeweihte und von der Regierung etwas stiefmütterlich behandelte **Nationalpark von Bras d'Eau**. Hier befindet sich eine zauberhafte Wasser-Wald-Landschaft mit seltenen Vögeln, Orchideen, Affen und Wildschweinen. Im Wald findet man die **Ruinen einer alten Zuckermühle** und mehrere gutbestückte **Fischteiche**. Ein restaurierter **Sodbrunnen** aus der

◁ *Die Kirche Notre Dame Auxiliatrice ist das Wahrzeichen von Cap Malheureux*

Die nördlichsten Inseln

Knapp 500 Kilometer nördlich von Mauritius und Rodrigues liegt **St. Brandon** *oder Cargados-Carajos. Der Hauptort dieses aus mehreren Mini-Inseln mit Traumstränden bestehenden Archipels heißt St. Raphael. Hier leben nur ein paar Fischer als Saisonarbeiter. Es existieren seit geraumer Zeit Pläne für eine touristische Erschließung und einige Luxus-Katamarane steuern die Inseln als Ziel zum Erlebnistauchen und Hochseefischen an.*

Der Archipel von **Agalega** *liegt noch einmal 500 km weiter im Norden. Er besteht aus zwei Inseln und wird von etwa 200 Einheimischen bewohnt, die fast alle in der Kopra-Produktion tätig sind (Kopra = getrocknetes Kernfleisch von Kokosnüssen, dient der Kokosöl-Gewinnung).*

Die Inseln sind touristisch nicht erschlossen, aber auch hier existieren Pläne und diese umfassen den Ausbau der meteorologischen Station sowie den Bau eines Luxushotels für Superreiche. Alle Inseln beherbergen eine unglaublich interessante Vielfalt an endemischen Pflanzen- und Tierarten, vor allem Vögel, Reptilien und Seeschildkröten.

Weiter nördlich, fast auf Höhe der Seychellen, liegt ein von der Welt vergessener Archipel, der einst die Heimat von 2000 Menschen war. Im Zuge der Gründung des neuen Staats Mauritius wurden der **Chagos-Archipel**, *insbesondere die Insel* **Diego Garcia**, *zum Spielball der Großmächte. Die Engländer behielten ihn als British Indian Ocean Territory (BIOT) und vermieteten ihn an die Amerikaner. Diese verwandelten Diego Garcia in einen riesigen* **Waffenstützpunkt**, *der in letzter Zeit nicht nur als Raketenabschussrampe in die Kriegsgebiete der Welt, sondern auch als vermutetes* **Folterzentrum der CIA** *Schlagzeilen machte. Bei der Übergabe war behauptet worden, es habe nie eine Eingeborenen-Bevölkerung existiert. Diese unglaubliche Lüge wurde mit der Entdeckung von Geheimdokumenten vor einigen Jahren als Teil eines abgekarteten Spiels entlarvt.*

1968 waren die **Bewohner von Diego Garcia**, *nachdem man ihnen die Existenz abgesprochen und ihre Tiere getötet hatte, selbst wie Vieh auf ein Schiff verladen, in ein Gefängnis auf den Seychellen gesperrt und als recht-*

und heimatlose Flüchtlinge nach Mauritius verfrachtet worden. Dort hatte man sie in Abbruchhäusern ohne Wasser und Strom untergebracht, wo sie hilflos dem Alkohol und den Depressionen erlagen und sich zu Dutzenden das Leben nahmen. Es ist dem Einsatz einiger mutiger Mauritier zu verdanken, dass die Chagossier überhaupt in Mauritius bleiben konnten, denn sie waren keine Bürger dieses neuen Staates.

Diego Garcia ist die krasseste Geschichte einer Volksgruppe im Indischen Ozean seit den Zeiten von Sklaverei und Zwangsarbeit. Auf erschreckende Weise wurden hier die **Menschenrechte mit Füßen getreten** *und der höchste englische Gerichtshof mittels eines Dekrets der Queen umgangen, um gründlich zu verhindern, dass die Menschen von Chagos jemals wieder einen Fuß in ihre alte Heimat setzen können.*

2017 ist der Pachtvertrag still und leise um 20 Jahre verlängert worden. Dies war abzusehen, denn besonders unter der derzeitigen Regierung kann man von den Amerikanern schwer erwarten, dass sie ihren einzigen Stützpunkt im Indischen Ozean, in den sie bislang weit über eine Milliarde Dollar investiert haben, zugunsten von Menschenrechten aufgeben. Mehrere tausend amerikanische Militärangehörige befinden sich heute auf Diego Garcia: eine unheimliche Präsenz.

› *Weitere Informationen zu Diego Garcia und den Chagos-Inseln gibt es unter www.chagos.org/home.htm*
› *Der Sänger „Zulu" und die Chagossien-Band „Ton Vie" haben eindrückliche Musik über die verlorenen Inseln geschrieben, die man auf Youtube anhören kann.*

Der Norden 29

Zeit der Franzosen befindet sich gut erkennbar neben der Straße, schräg gegenüber dem Informations- und Besucherzentrum. Letzteres überrascht mit liebevoll zusammengestellten Informationen über die Attraktionen dieses Parks und vielen Bildern von den hier lebenden raren Pflanzen und Tieren.

› Der Nationalpark liegt an der Waldstraße zwischen Roches Noires und Poste Lafayette.

16 La Nicolière ★ [G5]

Eine Ausfahrt zum **Stausee** von La Nicolière lohnt sich schon wegen der Ruhe und der frischen Luft. Man erreicht den **Aussichtspunkt**, indem man von Pamplemousses aus die Straße nach Flacq nimmt und dann beim Ortsschild der winzigen Ortschaft Villebague sofort rechts abbiegt. Die Straße windet sich hoch und höher, Nadelbäume lassen Heimatgefühle aufkommen, und dann geht es auf dem Damm über den Stausee, der über einen Kanal mit Wasser aus dem Midland-See gespeist wird und den ganzen Norden von Mauritius mit Wasser versorgt. Die Aussicht über die nördlichen Inseln und die Bergkette ist fantastisch. Allerdings sollte man das Auto abschließen, bevor man sich auf Fotopirsch begibt: Es gab leider vereinzelt Diebstähle in dieser abgelegenen Gegend. Auch ist der Wald um den Stausee herum wegen des Mülls, den Ausflügler und Angler dort regelmäßig liegen lassen, wirklich kein schöner Anblick.

◁ *Die Insel Coin de Mire befindet sich jenseits des Riffs im Norden von Mauritius*

Der Osten

Bereits die ersten Inselbesucher nutzten die **grandiose Lagune** mit dem natürlichen Hafen, den Mutter Natur und die fleißigen Korallentierchen in Jahrtausenden geschaffen hatten, als Ankerplatz für ihre Schiffe. Die Holländer und Franzosen siedelten sich gleich dahinter an. Die Ostküste beginnt eher flach, mit kleinen Badebuchten um **Roches Noires**, gesäumt von Villen und Gemüsegärten.

An der windgeschützten Bucht neben Poste de Flacq fügen sich einige der exklusivsten **Luxushotels** perfekt in die Landschaft ein. Etwas weiter südlich erstrecken sich zwischen Belle Mare und Palmar und gesäumt von Hotelanlagen und Championship-Golfplätzen die berühmten weißen **Sandstrände**.

Beim Hafen von **Trou d'Eau Douce** („Süßwasserloch") liegt ein wirklich idyllischer Süßwasserteich mit eigener Quelle, welcher den Namen dieser kleinen Ortschaft rechtfertigt. Gleich daneben befindet sich die größte **Anlegestelle für Touristen- und Anglerboote** in diesem Teil der Insel mit ihrer weit ins Meer hinausreichenden Mole.

Weiter südlich wird die Küste variantenreicher. Die **Bambous-Bergkette** drängt den Straßenverlauf näher ans Meer, die Aussicht auf die Lagune und die vorgelagerten Inseln ist atemberaubend. Mit seinen verträumten Fischerdörfern, alten Befestigungsanlagen und pittoresken Berggipfeln ist dies **einer der schönsten Küstenabschnitte der Insel**.

Dann weichen die Berge grünen Hügeln und es lockt eine ganze Reihe von **Naturparks**, in denen seltene Pflanzen und Vogelarten beheimatet sind, sowie die Bio-Farm La Meule (s. u.), wo Gäste das Landleben auf einer tropischen Insel kennenlernen können. Die Lagune dehnt sich aus und nimmt riesige Ausmaße an. Der Aussichtspunkt **Point du Diable** bietet einen atemberaubenden Ausblick auf die vorgelagerten Inseln. Vor der Kulisse des **Lion Mountain** erstreckt sich die Bucht von Grand Port und hier liegt **Mahébourg** ㉓ an der Mündung zweier Flüsse und nur wenige Kilometer vom internationalen Flughafen SSR entfernt.

Aktivurlaub

▸ **La Meule** <049> Tel. 58609085, www.lameule.mu. Die Bio-Farm in Anse Bambou [I9] bietet Gästen spannende Tagesaktivitäten, Bio-Lunch und sogar Übernachtung gegen Mitarbeit. Mehr Infos und Buchungsmöglichkeiten gibt es auf der Website. Vor Anfahrt unbedingt telefonisch den Besuch anmelden und gleich die Wegbeschreibung einholen.

Unterkünfte

▸ **Eco Lodge Otentic** $$-$$$ <050> Coastal Road, Deux Frères, Tel. 59414888, www.otentic.mu. Endlich gibt es einen Ort, wo man Mauritius auf natürliche Art und Weise näherkommen kann! In der Otentic-Zelt-Lodge taucht man ein ins ursprüngliche Lebensgefühl der Tropen. Otentic wurde als Eco-Lodge für Kitesurfer konzipiert und ist fast gänzlich aus recycelten Materialien gebaut. Ein Aufenthalt schließt hier ein, was fast alle anderen Inselunterkünfte mit ihren Klimaanlagen ausschließen: den wahren Inselspirit von Mauritius und das wohlige Gefühl, in der Natur zu Hause zu sein. Gäste profitieren von einem Pool und der freien Benutzung von Mountainbikes, SUPs und Kajaks. Wer immer noch nicht weit genug von der Zivilisation entfernt ist, bucht ein Zelt im Otentic Mountain (s. Website), dem Außenposten in den

Bambous-Bergen. Hier isst man vegetarisch, richtet sich nach dem Lauf der Sonne, hilft beim Kochen und im Gemüsegarten: Natur pur.
› La Case du Pêcheur $-$$ <051> Route Royal, Anse Bambou, Tel. 6345708, http://mauritiuslacasedupecheur.yolasite.com. Das La Case du Pêcheur ist nicht nur ein in natürlichem Stil gehaltenes Hotel, sondern gleichzeitig eines der beliebtesten Fischrestaurants der Insel. Außerdem ist es Ausgangsort für ein ganzes Netz von Naturpfaden, welche die Mangroven-Landschaft durchziehen.

Essen und Trinken
› R & B Cake Studio $ <052> Route Royal, Tel. 54484448, geöffnet: Mo, Mi–Do 9–19 Uhr, Fr–Sa 9–21 Uhr, So bis 24 Uhr, Di geschl. Wer von Flacq nach Pamplemousses unterwegs ist, sollte keinesfalls versäumen, hier haltzumachen: Im R & B Cake Studio an der Hauptstraße in Lallmatie gibt es Snacks und Kuchen im Lounge-Ambiente. Und wenn man Geburtstag hat, backt der talentierte Herr des Hauses auch eine maßgeschneiderte und persönlich dekorierte Torte.
› Sept Croisées $ <053> Trou d'Eau Douce, Tel. 4802766. Das Restaurant liegt an der Ausfahrtstraße zwischen dem Hotel Le Touessrok und der Ortschaft Trou d'Eau Douce. Gäste genießen eine authentische Inselküche mit indisch-kreolisch-chinesischer Speisekarte. Die Fischgerichte sind sehr empfehlenswert und gar nicht teuer. Das Lokal ist abends geöffnet.

⓱ Sagar Shiv Mandir ★★★ [I5]

Der mit einem Türmchen im Lotus-Stil geschmückte Tempel kann von der Bucht bei Post de Flacq aus über einen Damm erreicht werden, der manchmal überflutet ist. Dann müssen Besucher die Hosenbeine hochkrempeln und durchs angenehm warme Meerwasser waten. Der „schwimmende Tempel" ist dem Gott Shiva geweiht und wurde 2007 erbaut. An diesem ganz besonderen Ort kann man meditieren, die Stille genießen oder einfach nur sitzen und die Seele baumeln lassen.
› Goyave Island, Poste de Flacq, vis-a-vis Hotel St. Géran

⓲ Badeinsel Ile aux Cerfs ★★ [J7]

Die Holländer hätten sich solch mondänes Treiben nicht in ihren wildesten Träumen vorstellen können, als sie einst ihre kostbaren, frisch importierten Java-Hirsche zum Weiden hierher brachten. Die von weißen Sandstränden gerahmte Trauminsel ist heutzutage mit **Luxusboutiquen**, **Restaurants** und einer **Strandbar** sowie einem **Golfplatz** der Superlative bestückt. Während der Hochsaison ist sie vor allem an den Wochenen-

Die langen Strände der Ostküste bieten Hotels der Superlative

den rege besucht, aber trotzdem so schön, dass man sie einfach gesehen haben muss.

Reisende die mit dem Mietauto unterwegs sind, können die Fähre nehmen, die von der neben dem Hotel Touessrok (nahe der Ortschaft Trou d'Eau Douce) gelegenen Anlegestelle aus alle halbe Stunde übersetzt. Dies ist übrigens auch die preisgünstigste Art, auf die Insel zu gelangen.

⑲ Wasserfälle Grand Rivière Sud Est ★★ [J8]

Einer der wasserreichsten Flüsse von Mauritius stürzt sich ganz in der Nähe einer Ortschaft namens Deux Frères, kurz bevor er ins Meer mündet, noch einmal spektakulär von einer Felsbarriere in eine Schlucht. Das Beste daran ist, dass man vom Meer aus **mit dem Boot bequem hinfahren kann**. Leider ist die ansonsten malerische Schlucht in der Hochsaison deshalb voller Motorboote. Besucher die das nicht in Kauf nehmen wollen, können die Wasserfälle auch **zu Fuß** von der Straße aus erreichen. Bei der Brücke oberhalb der Ortschaft Deux Frères führt ein Pfad meerwärts zum Wasser hinab.

Wenn der Wasserstand des Flusses tief genug ist, kann man **in den Strudellöchern baden**. Mit etwas leichter Kletterei erreicht man auch den unteren Teil des Wasserfalls. Der Pfad ist allerdings nur bei gutem Wetter wirklich empfehlenswert und nach Regenfällen sehr glitschig. Und wenn der Fluss viel Wasser führt, kann Baden und auf den Felsen Klettern riskant sein.

⑳ Vallée de Ferney ★★ [H9]

Vor ein paar Jahren entdeckte man in einem Waldstück im Südosten von Mauritius die ausgestorben geglaubten **Schraubenpalmenarten Pandanus Iceryi** und **Pandanus Macrostigma**. Dummerweise sollte der Urwald dann sogleich einer Durchgangsstraße weichen, doch man hatte die Rechnung ohne die Mauritier gemacht. In einer Aufwallung von selten erlebter Naturliebe gingen sie zu Hunderten auf die Straße und verlangten von der Regierung den Schutz der endemischen Kostbarkeiten. Und es gab ein Happy End!

Heute erstreckt sich der **Naturpark Vallée de Ferney** über 200 Hektar und zu den beiden wiederentdeckten Pandanus-Arten gesellte sich die seit den 1960er-Jahren nicht mehr gesichtete Baumart **Bois Clou** (Euge-

◁ *Die Wasserfälle von Grand Rivière Sud Est*

▷ *Blick von der südöstlichen Bergkette über grüne Hügel*

nia Bojeri). Bewohnt wird dieses Paradies der Biodiversität von **seltenen Tieren** wie endemischen Flughunden, der einheimischen Falkenart Kestrel, dem weißen Tropikvogel und vielen scheuen Eidechsen.

Der Eingang zum Park liegt zwischen Mahébourg und der Ortschaft Vieux Grand Port. Einfach den Schildern an der Hauptstraße folgen.

› La Vallée de Ferney, Ferney Sugar Estate, Mauritius, Tel. 57291080 oder 6340440, www.valleedeferney.com

㉑ Domaine de l'Etoile ★★ [H8]

Hinter dem Naturschutzgebiet befindet sich die touristisch voll erschlossene Domaine de l'Etoile. Hier können die Besucher, umgeben von einer gepflegten Naturlandschaft, auf **Pferden** oder **Mountainbikes** die Umgebung erkunden und dabei Java-Hirschen oder Wildschweinen begegnen. Abenteurer werden vielleicht lieber mit dem **Quadbike** durch die Büsche donnern, an **Ziplines** (Seilrutschen) durch den Dschungel sausen oder **Bogenschießen** lernen. Oder man genießt vom **Restaurant** aus die wundervolle Aussicht auf die Lagune und die vorgelagerten Inseln.

Die Domaine de l'Etoile ist die Alternative zum ehemaligen Naturpark Kestrel Valley, der seit 2014 nur noch privat genutzt wird. Die Anfahrt zur Domaine liegt jedoch auf der dem Meer abgewandten Seite der Bergkette, an der Straße zwischen Bel Air und Sebastopol.

› http://terrocean.mu/en/domaine-de-l-etoile, Tel. 4712017/18, geöffnet: tgl. 9–17 Uhr

㉒ Fredrik Hendrik Museum ★★ [I9]

Das Fredrik Hendrik Museum wird auch **First Settler's Museum** genannt. Es verdankt seinen Namen dem **holländischen Statthalter**, welcher von 1625 bis 1647 die Geschicke der Insel lenkte. Der Eintritt in das Gebäude mit seiner erstaunlich umfangreichen Ausstellung ist frei. Gezeigt werden **Artefakte aus Ausgrabungen,** die von einer Stiftung aus Holland mitfinanziert wurden. Das Museum beherbergt aber auch **historische Karten** und Tafeln mit **alten Bildern** sowie interessante **Informationen zur Inselhistorie.** Besucher können sich im umfangreichen Gästebuch verewigen. Das Museum kann über die

Küstenstraße von Mahébourg aus in etwa 15 Minuten erreicht werden.
› Route Royale, Vieux Grand Port, Tel. 6344319, geöffnet: Mo–Sa 9–16 Uhr, So 9–12 Uhr, Eintritt frei

㉓ Mahébourg ★★★ [H10]

Die **ehemalige Hauptstadt** von Mauritius galt nach der verheerenden Malariaepidemie von 1866 als Armenhaus – abgeschieden vom Rest der Insel. Man behauptete außerdem, die Leute von Mahébourg seien hinterwäldlerisch und abweisend und auch heute noch ist ein Hauch von diesem Ruf an der einst stolzen Stadt haften geblieben. Am Montag findet allerdings der überaus beliebte **Wochenmarkt** statt, zu dem sich die Menschen der nahen und fernen Umgebung einfinden und auch immer mehr Besucher aus Europa.

Mahébourg muss man zu Fuß erkunden, um voll in den Genuss seines ganz **besonderen Charmes** zu kommen. Hier gibt es noch Schuster, Segelmacher, Bootsbauer, Fischer und Bäcker, einen der besten Musikläden der Insel und einen Schiffsmodellbauer, der sich auf einheimische Pirogen spezialisiert hat.

Von der modern gestalteten **Hafenpromenade** geht der Blick über die Bucht und die kleine Insel namens „Mouchoir Rouge".

㉔ Naval Museum/ National History Museum ★★ [H10]

Ein gutes Stück die Hauptstraße hoch erreicht man das National History oder Naval Museum. Der imposante Bau befindet sich hinter einem großen Tor und einer Palmenallee und ist nicht zu verfe Balaclava hlen. Er wurde im Jahr 1770 gebaut und gehörte einst der **Familie du Robillard**, die während der Seeschlacht von Grand Port großherzig Verwundete beider Kriegsparteien pflegte.

In dem **Kolonialhaus** kann man Möbel, Geschirr und allerlei Artefakte aus der Originalzeit besichtigen. Neben Dodo-Knochen, alten Dokumenten und Waffen befinden sich hier auch die Glocke des untergegangenen Schiffs Saint Géran und eine Nachbildung des Zimmers, in welchem einst Mahé de Labourdonnais wohnte. Das Museum war bei Drucklegung **wegen Renovierung geschlossen** und sollte ab Anfang 2019 wieder geöffnet sein.

Im mit Palmen bestandenen Garten wurde ein **Souvenirmarkt** im Kreolen-Stil aufgebaut, wo einheimische Kunsthandwerker ihre handgefertigten Produkte direkt verkaufen.
› Tel. 6319329, geöffnet: Mo–Sa 9–16 Uhr, So und Feiertage 9–12 Uhr, Eintritt frei

Auf dem Montagsmarkt in Mahébourg

㉕ Biscuiterie Rault ★★ [H10]

Die Cavendish Bridge trennt Mahébourg von Ville Noire, der „Schwarzen Stadt", in der früher die Sklaven lebten. Hier befindet sich ein ganz besonderes Unternehmen: die **Maniok-Fladenbäckerei** der Familie Rault. Seit Generationen werden im museumsreifen, mit Palmwedeln beheizten Backofen die flachen Fladen nach altem Familienrezept gebacken. Die mit Vanille, Kokos, Kakao oder Zimt versetzten Kekse sind auch ohne Kühlschrank lange haltbar. Ein leckeres und 100 % natürliches Souvenir auch für Öko-Freaks und Vegetarier.

Besucher können auf einer **Führung** die Herstellung der Kekse live mitverfolgen und dabei viel Interessantes über die Inselgeschichte und die spannende Familiengeschichte der Raults erfahren. Natürlich kann man auch die Maniok-Pflanzung besichtigen.

› **Biscuiterie Rault,** Ville Noire, Tel. 6319559, geöffnet für Besichtigung, Führungen und Verkauf Mo–Fr 9–15 Uhr, Führung inkl. Verkostung und Tee: 175 Rupien, Kinder 125 Rupien, eine Packung Kekse: 65 Rupien

Unterkünfte

› **Jardin de Beau Vallon** $^{\$-\$\$}$ <054> Private Road, Beau Vallon, Mahébourg, Tel. 6312850. Hotel und Restaurant (geöffnet: abends). Dieses kleine, aber feine Kreolenhaus ist von einem gepflegten Garten umgeben. Hier wohnt und diniert man mit Stil, kann aber auch einfach eine Pizza bestellen.

› **Nativ Lodge und Spa** $^{\$}$ <055> Tombeau Lane, Mahébourg Tel. 6311058, www.nativlodge-spa.com. Im rustikalen Stil gehaltene Lodge mit Natur-Spa: Acht Bungalows inmitten eines tropischen Gartens. Zentral gelegen am Ufer des La-Chaux-Flusses in Mahébourg.

Essen und Trinken

› **Café Gourmand** $^{\$}$ <056> Ecke Délices und Cent Gaulettes Road, tgl. außer Do und So 9.30–16.30 Uhr, Do und So nur vormittags, Tel. 59715351. Davids Frau backt die Kuchen und er verkauft sie zusammen mit leckeren Sandwiches, Milchshakes, Softdrinks und vielen weiteren Köstlichkeiten. Einer der raren Orte, wo Kaffee nicht aus der Dose kommt! Wenn man in Mahébourg ist, einen Happen essen möchte oder kurz verschnaufen will, sollte man das hier tun.

› **Saveurs de Shin** $^{\$-\$\$}$ <057> Rue de Suffren, Mahébourg, Tel. 6313668, Mi–Mo 11.30–14 und 18–22 Uhr. Dienstags geschlossen. Dieses Familienrestaurant mit chinesischen Wurzeln befindet sich in der Einbahnstraße hinter dem Supermarkt Loyeung. Hier isst man gut und reichlich zu kleinen Preisen. Alle typischen Inselgerichte wie Kari Poisson, Bol Renversé und Rougail sind auf der Spei-

Landstraße in der Nähe von Mahébourg

sekarte vertreten. Speziell erwähnenswert sind das Crevetten-Curry und der Tintenfisch süß-sauer. An Feiertagen und am Wochenende empfiehlt es sich zu reservieren.
› **Vieille Rouge** $^{\$-\$\$}$ <058> Tel. 6313980, geöffnet: abends. Befindet sich an der Ecke Rue du Hangard und Rue des Mares. Bietet erstklassige lokale Fischgerichte mit indischem Einschlag, aber auch traditionelle Inselküche.

㉖ Ile aux Aigrettes ★★★ [I10]

Ein Besuch dieser 26 Hektar großen und fast kreisrunden **Koralleninsel** in der Lagune vor Mahébourg offenbart, wie Mauritius vor der Ankunft des Menschen ausgesehen haben muss. Wissenschaftler aus allen Teilen der Welt haben mit einheimischen Naturfreunden für die **Mauritian Wildlife Foundation** (MWF) hart daran gearbeitet, dieses Mini-Eiland im Urzustand wiederaufersthen zu lassen. Die dazu eingerichtete **Pflanzschule** versorgt heute nicht nur die entlegensten Teile von Mauritius, sondern auch Rodrigues und die vorgelagerten Inseln mit Setzlingen.

Besucher werden mit dem Motorboot zur Insel gebracht und abgeholt. Die Bootsfahrt ist im Eintrittspreis inbegriffen.
› Pointe d'Esny, Tel. 6312396, Besichtigungstour: 800 Rupien, Kinder 400 Rupien. Start zwischen 10.30 Uhr und 14.30 Uhr beim MWF-Container gegenüber der Bootsanlegestelle in Pointe Jerôme neben dem Hotel Preskil. Die Stelle ist sehr gut ausgeschildert. Unbedingt anmelden, da die Besucherzahl beschränkt ist. Es empfiehlt sich, Mückenschutzmittel und Sonnencreme mitzunehmen!

㉗ Blue Bay ★★ [H11]

Wenige Kilometer südlich von Mahébourg liegt diese fast wie ein Fischschwanz geformte Blue Bay, an deren einem Ende sich die gleichnamige Ortschaft befindet. Hier mischen sich vor allem an den Wochenenden die Touristen unbefangen unter die Einheimischen. Wer **Pétanque spielen** will, kommt hinter dem Kiosk

◸ Freilebende Aldabra-Schildkröte auf der Ile aux Aigrettes

▷ Blick von Ile de la Passe über die Ilot Vacoas und die Ile aux Phares

Die Inseln des Südostens

Ein **Korallenriff** erstreckt sich fast die gesamte Ostküste entlang und schafft so die riesige Lagune von Vieux Grand Port. Auf dem Riff sitzen wie Perlen auf der Schnur die Inseln des Südostens. Da die **Ile Marianne** winzig ist und keinen eigenen Strand hat, ist sie für Ausflügler nicht wirklich interessant und wird höchstens ab und zu mal von Fischern angesteuert, die im Schatten einiger knorriger Kasuarina-Bäumchen eine Siesta halten oder eine Mahlzeit zubereiten wollen.

Etwas weiter südlich befindet sich die nach dem gleichnamigen Sturmvogel benannte **Ile aux Fouquets**, die jedoch heute generell unter dem Namen **Ile aux Phares** bekannt ist und auf deren Hügel man schon von Weitem die Ruine des einstigen Leuchtturms sieht. Wegen ihres schönen Sandstrands wird diese Insel gern von Ausflugsbooten besucht.

Daneben liegt die winzige **Ilot Vacoas**, die baumlos und nur von Gebüsch bewachsen ist, aber mit einem breiten, wenn auch etwas grobkörnigen Sandstrand auftrumpfen kann. Gleich hinter der Ilot Vacoas beginnt die legendäre „**Passe**". Diese natürliche Öffnung bildet den Eingang in den Hafen von Vieux Grand Port und wurde früher scharf bewacht. Die **Ile de la Passe** nämlich, die letzte der vier Inseln, ist ein Zwerg, der eine riesige Festung beherbergt.

Von den Franzosen erbaut, um Mauritius vor feindlichen Angriffen zu schützen, wurden die Anlagen unter den Briten noch erheblich ausgebaut. Vor einigen Jahren teilrestauriert, sind sie interessante Zeitzeugen. Der Zugang zu dieser Insel ist nicht leicht, denn eine gesicherte Anlegestelle gibt es nicht. Besucher werden deshalb von den Booten schnell ausgeladen und nach dem Rundgang ebenso schnell wieder eingesammelt.

Auch heute noch findet man auf den vorgelagerten Inseln manchmal Scherben und Uniformknöpfe oder auch alte Münzen im Sand. Eine Erinnerung daran, dass die Inseln ja eigentlich am Rande eines riesigen Schlachtfeldes liegen: der einzigen Seeschlacht, welche die napoleonische Flotte jemals gegen die englische gewann.

› ***Bootstouren zu den vorgelagerten Inseln*** werden von Blue Bay, Mahébourg und Vieux Grand Port aus angeboten (Infos: Aqua Soleil und Totof, beide s. S. 38).

022ma Abb.: hk

von Marco auf seine Kosten. **Schnorcheln** kann man bequem vor dem Strand (rechts von der Mole oder um die Ecke vor dem Hotel) und der **Marine Park** liegt gleich nebenan. Von der Mole aus fahren täglich Ausflugsboote, Pirogen und Glasbodenboote zur Erkundung dieses bekannten Schutzgebietes mit uralten Korallen, welches leider in letzter Zeit unter Umweltverschmutzung gelitten hat.

Die **Ile des deux Cocos** bietet Übernachtungsmöglichkeiten für Luxusreisende und ist auch das Ziel von Tagesausflügen, welche über die Hotelgruppe LUX angeboten werden (www.iledesdeuxcocos.com). Gleich hinter der Insel liegt eines der besten **Surfreviere** von Mauritius.

Auf der anderen Seite der Bucht thront das Hotel Shandrani inmitten eines riesigen tropischen Gartens. Trotz gelegentlichem Fluglärm ist dies einer der schönsten Orte von Mauritius.

Essen und Trinken

› **Blue Bamboo** $$-$$$ <059> Tel. 6315801, Restaurant: 11.30-15 Uhr und 18-23 Uhr, Lounge Bar: 18-24 Uhr. Beliebtes Familienrestaurant mit großem Garten hinter dem Haus, Pizza und kreolische Küche. Die Bar im Obergeschoss ist gut besucht, da oft Konzerte und Jam Sessions stattfinden.

› **Le Bougainville** $$ <060> Tel. 4535959, geöffnet: 12-23/24 Uhr. Gartenrestaurant, zwei Minuten vom Strand entfernt. Le Bougainville ist ein Dauerbrenner! Serviert werden inseltypische Küche, Fisch und Pizza.

Unterkünfte

› **Chantauvent Guesthouse** $$ <061> Coastal Road, Blue Bay, www.chantauvent.com. Ein klitzekleines, aber außerordentlich feines Strandhotel. Hier kommen Naturliebhaber, Sportfans und Romantiker gleichermaßen auf ihre Kosten. Schnorchelausrüstung gibt es gratis zum Ausleihen, SUP und Kajaks zum Mieten. Tolle Aussicht, tolles Ambiente und direkt am Strand: Was will man mehr?

› **Noix de Coco Lodge** $ <062> Route Royale, Pointe d'Esny, Tel. 4271060, www.noixdecocoguesthouse.com. Zum Glück ist sie noch da: Diese freundliche, kleine Lodge bietet ihren Gästen die Möglichkeit, selbst zu kochen. Sie ist in zweiter Reihe hinter einem der schönsten Strände von Mauritius gelegen.

› **Residence les Flamboyants** $ <063> Coastal Road, Pointe d'Esny, Tel. 58036272. Vier zweckmäßig ausgestattete Ferienwohnungen für unternehmungslustige Reisende in bester Lage, 10 Minuten vom Flughafen und 5 Minuten vom Marinepark Blue Bay und der Stadt Mahébourg entfernt. Der weiße Sandstrand von Pointe d'Esny kann in drei Minuten bequem zu Fuß erreicht werden. Die einfachen Apartments haben ein oder zwei Schlafzimmer mit Klimaanlage oder Ventilator. Sie sind sauber und freundlich mit Dusche/WC und eigener Küche ausgestattet.

Bootsausflüge

Glasbodenboot-Touren durch den Marinepark und auch Bootsausflüge zu den vorgelagerten Inseln des Südostens kann man bei verschiedenen Anbietern buchen.

› **Aqua Soleil** <064> Tel. 57778955. Diese Firma organisiert Speedboot-Ausflüge zur Ile aux Cerfs, aber auch Tagesausflüge mit Picknick in der Lagune. Abfahrt ab Blue Bay und Pointe d'Esny.

› **Totof** <065> Tel. 57511772 oder 54942668, www.totofmaurice.com. Jocelin Orange und seine Tochter Virjinie haben eine umweltbewusste Einstellung und bringen Besuchern die Lagune und deren Bewohner anschaulich näher.

Der Süden

Der Süden ist das Verbindungsstück zwischen der üppig grünen Ostseite und dem trockenen und heißen Westen. Das Riff, welches die Insel umgibt, macht hier gerade mal Pause und die Wellen des indischen Ozeans schlagen ungehindert an **schwarze Basaltklippen** – ein beeindruckender Anblick, vor allem vom **Aussichtspunkt bei Gris Gris** ㉘ aus. Weit draußen sieht man vorbeiziehende Wale und genießt auch am heißesten Tag eine frische Brise, denn zwischen dem Südpol und der Südküste von Mauritius liegt außer ein paar Eisbergen nichts als das offene Meer.

Hinter der historischen Stadt **Souillac** ㉚ beruhigt sich das Meer wieder und rauscht sanft an den langen goldenen **Strand von Pomponette**, wo die Bevölkerung gerade gegen ein umstrittenes Hotelprojekt kämpft (Infos: www.aknl.net).

Während das **Hinterland** leicht gewellt bis zu Teeplantagen, runden Seen und sprudelnden Wasserfällen ansteigt, münden an der Küste viele Flüsse ins Meer. Nach dem **Surfspot Ilot Sancho** öffnet sich die Landschaft und wird flacher. Luxushotels säumen die Strände. **Denkmäler** machen auf die Überlebenden des gesunkenen Schiffs Trevessa aufmerksam, die im Beiboot nach Mauritius ruderten, und auf den Kartografen Matthew Flinders, der hier mehrere Jahre lang als Gefangener festgehalten wurde. In **Baie du Cap** zweigt eine gewundene Straße zum Bergdorf **Chamarel** ㊳ ab. Die Küstenstraße hingegen führt vorbei am **Aussichtspunkt Macondé** mit seiner berühmten **Haarnadelkurve** ins Fischerdorf **Le Morne**. Hier, am Fuße des Berges **Le Morne Brabant** ㊲, ist das Land der entlaufenen Sklaven, die sich im damals wie heute schwer zugänglichen Hinterland verschanzten. Der Berg bildet eine Halbinsel, die auf allen Seiten von Sandstränden umgeben ist, an denen luxuriöse Hotels liegen. In diesem **Mekka der Kite- und Windsurfer** weht stets eine frische Brise. Le Morne ist nach wie vor ein Ort, an welchem vorwiegend Kreolen leben und gilt als Geburtsort des lokalen Musikstils Sega, denn hier wohnte zeitweise der berühmte Musiker Ti Frère.

› **Aussichtspunkt Macondé** <066>
› **La Vanille Crocodile Park** <067> Rivière des Anguilles, die Route ist gut ausgeschildert, geöffnet: tgl. 9.30–17 Uhr, Eintritt: 350 Rupien, Kinder bis 12 Jahre 200 Rupien, Wochenende 200 Rupien, Kinder 90 Rupien. In Rivière des Anguilles liegt dieser Familienpark, in dem Schildkröten von den Seychellen sowie Krokodile aus Madagaskar besichtigt werden können. Er ist von einer schönen Naturlandschaft umgeben. In der Boutique kann man die zu Handtaschen und ähnlichen Souvenirs verarbeiteten Krokodile dann kaufen.
› **Strand von Pomponette** <068>

㉘ Gris Gris und La Roche Qui Pleure ★★★ [E12]

In der Nähe der Ortschaft Souillac liegt der **Aussichtspunkt Gris Gris**. Von einem hoch auf der Felsenküste gelegenen Park aus hat man eine atemberaubende Aussicht über die steile Südküste, auf die die Wellen ungehindert aufprallen. Hier weht oft ein Wind, was im Sommer erfrischend und im Winter etwas kühl sein kann.

Der kleine Strand links neben dem Aussichtspunkt kann über ein paar Stufen erreicht werden. Baden ist aber verboten, da sehr gefährlich.

Sega!

Schon vor mehr als 250 Jahren erwähnte der berühmte Reisende Bernardin de St. Pierre die **leidenschaftlichen Tänze** und **sanften Melodien** der schwarzen Sklaven auf Mauritius. Zuerst Shega genannt, später Sega, entwickelte sich die Musik der Sklaven aus Afrika und Madagaskar stetig und erreichte im 20. Jahrhundert dank **Jean Alphonse Ravaton,** dem legendären „kleinen Bruder" Ti Frère, einen ersten Höhepunkt. 1900 als Sohn eines Sängers mit madagassischen Vorfahren geboren, begleitete Jean Alphonse seinen Vater zu dessen Auftritten bei den am Wochenende stattfindenden Tanzveranstaltungen, den „Bals Bobesses". Die dort erworbenen Musikkenntnisse setzte er alsbald in eigenem Stil um und war bald nicht nur in Mauritius, sondern auch auf Rodrigues, La Réunion und den Seychellen berühmt. Aber die Sega war Arme-Leute-Musik, und so wurde dieser großartige Sänger, den man auch „König" oder „Vater der Sega" nannte, nie reich. Ganz im Gegenteil: Ti Frère musste sich oft mit Gelegenheitsjobs durchschlagen. Trotzdem nahm er im Jahr 1949 als erster Künstler aus Mauritius eine Schallplatte auf. Im Jahr 1990 hochbetagt zum honorablen „Member of the British Empire" ernannt, starb der große Sänger zwei Jahre später - arm wie eine Kirchenmaus. Seit 2010 steht seine Statue vor dem Jardin de la Compagnie-Garten in Port Louis. Aus den schwermütigen Melodien und leidenschaftlichen Rhythmen der Sklaven wurden im Laufe der Zeit Geschichten, Märchen und Spottlieder. Der **Segatier** entwickelte sich zum Erzähler, Unterhalter und Troubadour sowie oft genug auch zum Regimekritiker.

Mittlerweile ist die Sega eine **Bewegung**, welche die ganze Insel in ihren Bann gezogen hat und auch von der indisch-stämmigen Inselbevölkerung in einer Variante mit Dholak-Trommeln, Zimbeln und Gesang im lokalen Dialekt Bhojpouri gepflegt wird. Unter dem Einfluss des jamaikanischen Reggaes entwickelte sich aus der Sega Ende des letzten Jahrhunderts die neue Musikrichtung **Seggae**, in der mit Bläsern und elektrischen Gitarren sowie Schlagzeug bestückte Bands auch mit politischen und sozialen Themen von sich reden machten. Leider kam deren Begründer, der charismatische Sänger Kaya, 1999 gewaltsam zu Tode. Seine Musik fand Nachfolger in Interpreten wie Ras Natty Baby, Natty Jah oder Menwar.

Heute haben Sänger und Gruppen wie Eric Triton, Zulu oder Gangsta Beach mit Komponenten von Blues, Rock aber auch modernem Rap nochmals eine neue Dimension von Inselmusik geschaffen - Ti Frères Erbe lebt.

Hinter dem Strand beginnt ein Fußpfad, der zum „Weinenden Felsen" (La Roche Qui Pleure) führt. Dieser imposante schwarze Basaltklotz hat seinen Namen von den beständig von ihm abperlenden Wellen, die mit etwas Fantasie wie Tränen aussehen. Er liegt als Teil der wilden Küste etwas vorgelagert im Meer und kann über einen schmalen Zugang bestiegen werden. Wer genau hinsieht, kann an einem vorspringenden Felsen das Profil des berühmten Poeten **Robert Edward Hart** erkennen.

Auf dem Parkplatz von Gris Gris verkaufen täglich Händler **Snacks** und oft auch frische Früchte. Die Abbiegung zum Aussichtspunkt ist auf der Hauptstraße gut ausgeschildert.
> **Chez Rosy** <069> gleich neben dem Parkplatz Gris Gris, Tel. 6254179, geöffnet: tagsüber, abends geschlossen. Das Restaurant hat einen kleinen Garten und einen großen Ruf, welcher durchaus gerechtfertigt ist. Die Tagesmenüs mit fangfrischem Fisch sind sehr zu empfehlen.

㉙ Robert Edward Hart Museum ★★ [E12]

Der **Inselpoet von Mauritius** wurde als Sohn von irisch-mauritischen Eltern 1891 in Port Louis geboren. Er schrieb Texte und Gedichte in Englisch und Französisch. Rassentrennung, religiöse Tabus oder soziale Beschränkungen schienen für ihn nicht zu existieren. Mit seinen sensiblen und manchmal auch witzigen Texten traf er mitten ins Herz der neugegründeten Nation und fand auch im Ausland Beachtung – seine Bücher wurden in mehrere Sprachen übersetzt und er erhielt internationale Auszeichnungen.

An seinem 50. Geburtstag schenkten ihm Freunde das Haus aus Korallenbrocken, welches hoch über der pittoresken Südküste thront. Die wilde Landschaft beflügelte des Poeten Kreativität und er lebte bis zu seinem Tod 1954 in seinem geliebten „La Nef".

Heute ist das Haus ein vielbesuchtes und wohlbekanntes Museum von nationaler Bedeutung. Es wurde erst vor Kurzem renoviert und ein Besuch lohnt sich auf jeden Fall.
> Savanne Road, Souillac, Mi-Mo 9–16 Uhr, Eintritt frei

EXTRATIPP

Domaine de Saint Aubin

Ein paar Kilometer nördlich von Souillac befindet sich dieses alte **Kolonialhaus** mit Restaurant, **Rumfabrik, Flamingoblumenzucht** und großem **Garten** sowie **Mini-Gasthaus** mit drei Zimmern.

Man kann hier das elegante Lebensgefühl der alten Zuckerbarone nachempfinden, die traditionelle Zubereitung des Rums in Gärbottichen mitverfolgen – und natürlich das fertige Produkt gleich kosten.

Das Restaurant genießt einen sehr guten Ruf und bietet in historischer und romantischer Umgebung typisch kreolische Küche mit französischem Flair.
> **Domaine de Saint Aubin** $$$ <070> Rivière des Anguilles, Tel. 6261513, Eintritt 525 Rs, Kinder 250 Rs

㉚ Souillac ★★ [E12]

Die Kleinstadt Souillac liegt an der Mündung des Savanne-Flusses. Einst vom Grafen von Souillac als Stützpunkt für den Süden der Insel geplant und anschließend von den Briten als Hafen für die Verladung von Zuckerrohr ausgebaut, sah Souillac seine Glanzzeit vor dem Bau der Eisenbahn.

Auch heute noch bietet diese südlichste aller Städte von Mauritius Besuchern einige Attraktionen und **schöne Gebäude im Kolonialstil,** vor allem die 1845 erbaute **St.-Jakobs-Kirche** und der Friedhof, auf dem der Sage nach auch ein paar Piraten begraben sein sollen, sind sehenswert. Gleich neben der Bushaltestelle befindet sich zudem der **Telfair Garden** ㉛.

Essen und Trinken

› **Le Batelage** $^{$$$}$ <071> Old Port, Souillac, Tel. 6256083. Am alten Hafen von Souillac in einem ehemaligen Lagerhaus gelegen, mit schöner Terrasse. Großartige Lage direkt vor der Flussmündung und auf der Speisekarte ein Menü mit viel frischem Fisch und Meeresfrüchten.

Unterkunft

› **Andrea Lodge** $^{$}$ <072> Union Ducray, Rivière des Anguilles, www.andrea-lodge.com, Tel. 54710555. Auf dem Gelände der Zuckerfabrik Union Ducray befindet sich versteckt auf einer Klippe hoch über dem Meer die Andrea Lodge. Besucher können vom Mini-Pool aus vorbeiziehende Wale und Delfine beobachten. Dies ist kein Strandhotel, liegt jedoch in einer sehr schönen Naturlandschaft, die zum Wandern ins nahe gelegene Naturschutzgebiet oder entlang der Felsenküste einlädt.

㉛ Telfair Garden ★ [E12]

Im Jahr 1810 kam ein **junger Schiffsarzt** namens Charles Telfair im Zuge der Eroberung von Mauritius zum ersten Mal auf die tropische Insel. Wie so viele vor und nach ihm wurde auch er von einer heißen Liebe zur Tropeninsel gepackt und kam einige Jahre später zurück. Dem Pflanzen- und Menschenfreund gelang es, die Lebensumstände der Sklaven auf der Insel erheblich zu verbessern.

Telfair errang einen Ruf als namhafter Experte für einheimische Flora und nahm auch an Forschungsreisen teil. Im Jahr 1826 brachte er aus China die **Banane** nach Mauritius. Er fungierte eine Zeit lang als ehrenamtlicher Kurator des Botanischen Gartens von Pamplemousses ❼ und legte Gärten in Mauritius sowie auf der Insel La Réunion an.

Der **Telfair Garden** liegt gleich neben dem Busbahnhof von Souillac und ist berühmt für seinen **alten Baumbestand** mit Mandelbäumen und einem riesigen Banyan-Baum. Am „Lavoir" genannten Wasserbecken wurde wohl früher auch Wäsche gewaschen. Die Anlage kann jederzeit besucht werden, der Eintritt ist kostenlos.

› Telfair Garden, Route Royal, Souillac

㉜ Rochester Falls ★★ [E12]

Etwa 2,5 km von der Mündung in Souillac entfernt, fällt der Savanne River spektakulär über 10 Meter hohe Basaltklippen in ein natürliches Becken, in dem man **schwimmen** kann. Der gut ausgeschilderte Weg dorthin zweigt neben dem Restaurant Rochester Falls von der Hauptstraße ab und führt zuerst am Fluss entlang und später auf Feldwegen durch das Zuckerrohr. Einfach dem Schild an der Hauptstraße folgen. Bei Regen

◁ *Schwarze Basaltsäulen sorgen für ein spektakuläres Bild: die Rochester Falls bei Souillac*

▷ *Hinter der rauen Südküste liegt der ruhige Strand von Riambel*

Der Süden

ist es aber nicht ratsam, die Strecke mit dem Auto zu fahren, weil man im Dreck steckenbleibt, und zu Fuß sind es doch etliche rutschige Kilometer, also sollte man vielleicht besser warten, bis das Wetter wieder stabil ist.

Je nachdem, wie viel Wasser der Fluss führt, ist das **Klettern** an den einladenden Basaltsäulen mehr oder weniger riskant. Die Autorin rät, es nicht den Einheimischen gleichzutun, die sich für ein paar Rupien den Wasserfall hinabstürzen, denn diese wissen genau, wo die tiefen Stellen im Becken darunter sind.

An der Seite führt ein schmaler Pfad zum oberen Teil des Wasserfalls. Wenn der Wasserstand niedrig ist, kann man gleich oberhalb der Kante trockenen Fußes von einer Seite auf die andere gelangen. Dieses Vergnügen wissen aber nur Schwindelfreie richtig zu schätzen.

33 Riambel ★★ [D12]

Nachdem es bei Souillac schäumend an schwarze Klippen schlug, beruhigt sich das Meer hinter dem schützenden Riff vor Riambel wieder und bespült ganz sanft den dortigen **Strand**, einen der schönsten der Insel. Hier liegt gleich beim südlichen Dorfeingang neben dem Schild der öffentliche **Beach Park** mit Toiletten, Sitzgelegenheiten und einem überdachten Pavillon. Der Strand wird vom Eigentümer der danebenliegenden Villa sauber gehalten und ist unter der Woche oft menschenleer. Ein schönes Stück des alten Mauritius ist hier erhalten geblieben und man kann wunderbar picknicken, baden oder sich einfach ausruhen.

Der Süden hat ein sehr erholsames Klima. Vielleicht liegt es an dem sich ganz in der Nähe befindenden „spirituellen Vortex", einem Energiewirbel, welcher eine Verbindung zu höheren Dimensionen darstellen soll? Einheimische und Besucher schwören auf die Kräfte dieses speziellen Ortes und viele kommen hierher zum **Meditieren** oder zur **Selbstfindung**. Einfach beim Schild von der Hauptstraße auf den Parkplatz abbiegen.

Unterkunft

› **La Riambelle** $$$-$$$$ <073> Tel. 59403129, www.exclusive-mauritius-villas.com. Gleich am Dorfeingang von Riambel liegt diese Ferienvilla in einem großen baumbestandenen Garten mit Pool. Sie wird von ihren Besitzern gehütet wie deren Augapfel. Manchmal teilen sie sie mit Gästen. Eine gute Alternative zum Hotelurlaub und preislich absolut interessant, wenn man in Betracht zieht, dass die Villa bis zu 11 Gäste beherbergen kann und nur als Ganzes vermietet wird. Mehr Informationen zu Preisen und Konditionen gibt es auf der Website. La Riambelle ist regelmäßig Kulisse für Traumhochzeiten, denn die Besitzer organisieren gerne Feste für ihre Gäste.

Essen und Trinken

› **Green Palm** $$ <074> Coastal Road, Riambel, Tel. 6258100, geöffnet: tgl. 11–15.30 Uhr und 18.30–22.30 Uhr. Von begeisterten Gästen als bestes indisches Restaurant weit und breit gelobt. Ein authentischer Ort mit ehrlicher Küche. Hier dauert die Zubereitung etwas länger, weil alle Zutaten frisch sind! Man hat Lust, sich quer durch die Speisekarte zu schlemmen!

› **La Perle** $ <075> Tel. 6257138, geöffnet: tgl. mittags bis abends, je nach Wetterlage. Die Perle ist ein charmantes Strandrestaurant, die Karte beinhaltet alle klassischen Inselgerichte, empfehlenswert sind die Fischgerichte, speziell das Krabbencurry!

34 Domaine de Chazal ★★ [D12]

Ein Naturliebhaber und Pionier des Ökotourismus hat es sich zum Ziel gemacht, dieses **abgelegene Tal** mit seinen sprudelnden Bächen und altem Baumbestand auf sanfte Art dem Tourismus zugänglich zu machen.

Neben einem Restaurant mit hervorragender kreolischer Küche bietet die Domaine de Chazal unter Anderem folgende **Naturaktivitäten** an: Ziplines (Seilrutschen), Baden im Badeteich, Wandern, Canyoning, Bogenschießen und Duschen unterm Wasserfall.

Hier können Gäste auch am Fruit Bat Adventure (siehe auch Exkurs „Der einzigartige Flughund – vom Menschen bedroht", S. 86) teilnehmen. So heißt ein kurzer Marsch durch die abendliche Natur in die Nähe der Nistplätze der **Flughunde** *(fruit bats)*, um diese intelligenten und einzigartigen Säugetiere zu beobachten. Anschließend gibt es Snacks und Getränke am Lagerfeuer. Wer mag, kann gleich über Nacht bleiben, allerdings muss dies, wie alle Aktivitäten, im Voraus (über die Website oder telefonisch) reserviert werden.

› **Domaine de Chazal,** Impasse de la Foret, Chamouny, Tel. 54223117, www.chazalecotourismmauritius.com, tgl. 9–17 Uhr. Hinter Souillac die Straße nach Chamouny in Richtung Nationalpark nehmen. Die Ausfahrt zur Domaine de Chazal ist ausgeschildert.

㉟ Teeplantage Bois Chéri ★★★ [E11]

Im Hinterland von Souillac liegt auf grünen Hügeln, auf denen im Winter manchmal wallende Nebel die Sicht blockieren, die Teeplantage Bois Chéri. Hier pflücken emsige Hände das kostbare, von den Engländern eingeführte Kraut, welches zur Erntezeit in der angeschlossenen Fabrik gleich verarbeitet wird. Die **Besichtigung** dieser Teeplantage ist ein besonderes Erlebnis, welches sich idealerweise mit dem Besuch des nahegelegenen Tempels am heiligen See Ganga Talao ㊱ verbinden lässt.

Für den Besuch sollte man sich Zeit nehmen. Der geführte Rundgang durch die Produktionsstätten und das Museum wird mit einer **Teeprobe** im malerischen Aussichtspavillon belohnt. Hier kann man herausfinden, welche Sorte man am liebsten mag, und sich im Shop gleich einen Vorrat davon zulegen.

› Bois Chéri liegt etwa 12 km nördlich der Ortschaft Rivière des Anguilles und ist gut ausgeschildert. Geöffnet: Mo–Fr 8.30–16 Uhr, Sa bis 13.30 Uhr, Eintritt: 525 Rupien, Kinder 250 Rupien

㊱ Ganga Talao/ Grand Bassin ★★★ [D10]

Vor langer Zeit flog einst der Gott **Shiva** mit seiner Gattin **Parvati** über den Indischen Ozean. In einer Schale trugen sie heiliges Wasser des Flusses Ganges mit sich. Plötzlich sahen die Götter inmitten des tiefblauen Ozeans eine winzige grüne Insel. Diese war so schön, dass sie einen Moment innehielten und sich vorbeugten, um das Eiland besser betrachten zu können. Da geschah es dann: Aus dem göttlichen Behälter entwich ein Tropfen heiliges Wasser, fiel auf die Insel nieder und wurde dort zu einem funkelnden See. So lautet der **Mythos** von Ganga Talao. Geschichtlich belegt ist, dass ein indischer Arbeiter von dem See träumte und ihn im damals dichten Urwald auch tatsächlich fand. Darauf bahnte man sich einen Weg durch den Dschungel, legte eine Straße an und holte Gangeswasser aus Indien, um den **heiligen See** noch heiliger zu machen.

Die ersten Pilger kamen, es wurden **Tempel** gebaut und heute ist Ganga Talao, Grand Bassin genannt, **eines der wichtigsten Heiligtümer** der **indischstämmigen Mauritier**, die hier alljährlich Ende Februar oder Anfang März die lange Nacht des Shiva zelebrieren. Dann sind die Straßen voller Pilger aus Mauritius und der ganzen Welt.

Der See ist aber auch so einen Besuch wert. Es werden täglich Zeremonien abgehalten, in den Tempeln sind

Der heilige See Ganga Talao ist der bekannteste Hindu-Pilgerort außerhalb Indiens

Fast wie im Hochland von Indien: Tee-Ernte in Bois Chéri

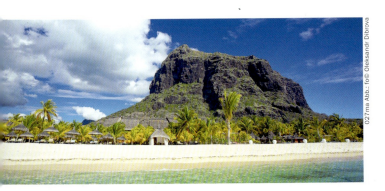

Statuen aller Götter vertreten und die Riesenstatue des Lord **Shiva** zeigt schon von Weitem den Weg.

› Ganga Talao kann von Curepipe ❹ oder Chamarel ❸ her über den Nationalpark erreicht werden und von Süden über die Straße, welche die Teeplantage Bois Chéri ❸ mit dem Westen verbindet. Die Schilder an der Hauptstraße beachten!

❸ Le Morne Brabant ★★★ [A11]

Mauritius war wegen seiner perfekten Lage zwischen den Kontinenten eine ideale **Drehscheibe für den Sklavenhandel**. Zeitweise waren 80 % der Inselbevölkerung Leibeigene, die natürlich jede sich bietende Gelegenheit zur Flucht ergriffen, um den unmenschlichen Bedingungen, unter denen sie ihr Dasein fristen mussten, zu entgehen. Geschichten von entlaufenen Sklaven ranken sich vor allem um den steil aufragenden, mystischen **Berg** Le Morne Brabant auf der **gleichnamigen Halbinsel**. Ausgrabungen beweisen, dass tatsächlich Menschen aus Afrika und Madagaskar die Höhlen und Felsspalten am Berg bewohnten. Es wurden Gräber, Sklavenringe und Überreste von Behausungen gefunden.

Seit 2008 ist der Ort **Teil des UNESCO-Welterbes** und am 1. Februar, dem Tag der Sklavenbefreiung, findet eine eindrückliche Zeremonie mit Kranzniederlegung an der Gedenkstätte am Fuße des Berges statt.

› Wer den Berg besteigen will, braucht gute Kondition, Ausrüstung und einen einheimischen Führer: Wegen zahlreicher Unfälle, verursacht durch ungenügend ausgerüstete Besucher, hat die Stiftung Le Morne Heritage Trust Fund beschlossen, den Weg zum Gipfel nur noch für von erfahrenen Guides begleitete Wanderer freizugeben. Deshalb wurde in einer Höhe von 250 Metern ein Tor angebracht, für welches die Guides einen Schlüssel haben. Yan de Maroussem von Yanature ist ein solcher Guide (Tel. 57856177, www.trekkingilemaurice.com) oder Ruddy Jose Francois Veerasawmy (Tel. 57931741). Der Zugang zum Berg und bis hinauf zum Tor ist nach wie vor freigegeben. Weitere Infos zum Berg und seiner Geschichte findet man auf www.lemorneheritage.org.

Mystischer Gipfel und UNESCO-Welterbe: Le Morne Brabant

Der Westen

Hinter der Halbinsel Le Morne mit ihren langen Stränden und luxuriösen Hotels beginnt die **Sonnenküste** von Mauritius. Die Küstenstraße führt nach La Gaulette, wo der Strand voller Schlick ist, weil die vorgelagerte Insel **Ile aux Bénitiers** schon den ganzen Sand abbekommen hat. Darum wird sie auch täglich von einer richtiggehenden Armada von Vergnügungsbooten angepeilt.

Vom Küstendorf **Case Noyale** aus zweigt eine Straße ab, windet sich die Felswand hinauf und führt nach einigen steile Spitzkehren nach **Chamarel** ❸, dem einzigen „Bergdorf" von Mauritius. Die Küstenstraße führt weiter am Meer entlang zum größten **Tourismus- und Sportfischereihafen** der Insel an der Mündung des **Black River** und vorbei an der Ortschaft gleichen Namens. Dann geht die Fahrt ins eher mondäne **Tamarin** ❹ mit seinen Salinen. Nach der Brücke über den Tamarin River entfernt sich die Straße vom Meer und führt weiter in Richtung Norden, vorbei am Casela Park und der Shopping Mall von Cascavelle. An der Tankstelle erreicht man die Abzweigung zum turbulenten Touristenort **Flic en Flac** ❻ und zu den langen weißen Stränden mit den Luxushotels von **Wolmar**. Noch weiter nördlich, nach dem Leuchtturm von Albion, entfernt sich die Straße wieder vom Meer. Bald wird der Verkehr intensiver – ein sicheres Zeichen dafür, dass man sich Port Louis ❶ nähert.

❸ Chamarel ★★★ [B10]

Früher führten nur Fußwege nach Chamarel. Für den Besuch der frisch gekrönten englischen Königin Elisabeth II. im Jahr 1953 musste man aber eine Straße über die Hochebene bauen. So wurde Chamarel dem Rest der Insel zugänglich gemacht – und wie! Täglich kommen Busladungen von Touristen in das **malerische Dorf** am Fuße des höchsten Berges, um dessen Attraktionen zu besuchen und als hungrige Horden zum Mittagessen in die lokalen Restaurants einzufallen. **Table d'hôte** („Gasttafel") heißt das Zauberwort, mit dem die Regierung einst Arbeitsstellen und Verdienst in abgelegene Regionen brachte. Dabei ging es darum, dass Touristen bei den Einheimischen die lokale Küche kennenlernen sollten. Manche Gasthäuser haben heute leider nicht mehr viel mit dem ursprünglichen Gedanken zu tun, sondern sind strikt auf Profit ausgerichtet und werden auch nicht mehr von Einheimischen betrieben.

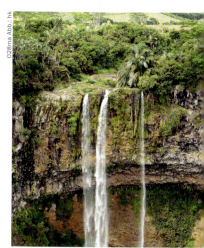

▷ *Die Wasserfälle Chamarel Falls sind ein Teil des Seven Coloured Earth Park (s. S. 49)*

Reisende, die sich vom Trubel der Strände etwas zurückziehen wollen, sind in Chamarel willkommen, auch wenn sie mehr als einen Tag bleiben wollen. Zwei **Lodges** liegen inmitten der Natur, wo Gäste auf dem starken Rücken von Pferden durch Wälder und Wiesen traben oder einfach am Pool sitzen und die Ruhe genießen können.

Wer am späten Nachmittag auf der Route von Chamarel nach Baie du Cap unterwegs ist, sieht manchmal große „fliegende Tiere" am Himmel kreisen. Dabei handelt es sich jedoch nicht um Vögel, sondern um **Flughunde** (Mauritius Fruit Bat). Diese verschlafen den Tag und kommen am Abend aus ihren Höhlen hervor, um ein paar Runden zu drehen. Dann verbringen sie die Nacht keifend und schmausend auf Bäumen, denn sie ernähren sich von Früchten.

Die Hauptattraktion von Chamarel ist der **Seven Coloured Earth Park** (s. S. 49), das Gelände der siebenfarbigen Erde. Hier haben vor Jahrmillionen tätige, aber längst erloschene Vulkane ganze Arbeit geleistet, und was von den freigesetzten Mineralien noch übrig ist, lässt die Erde in und um den einstigen Krater **in den Regenbogenfarben schimmern**. Je nach Wetter und Feuchtigkeit im Boden tut sie das mehr oder weniger intensiv. Einst war dies ein freies Gelände, das man zu Fuß erklimmen konnte, heute ist es ein Park mit Restaurant, sorgfältig freigelegter Erde und einem Gehege mit Riesenschildkröten. Die **Wasserfälle**, an denen man vorbeikommt, sind ebenfalls sehenswert, denn sie ergießen sich über eine Lavahöhle ins Tal. Manchmal kann man hier auch weiße Tropikvögel mit ihren charakteristisch gegabelten Schwänzen beobachten.

39 Kirche St. Anne in Chamarel ★★ [B10]

Die Größe dieser im Jahr 1876 errichteten und tagsüber geöffneten Kirche erklärt sich dadurch, dass die Kirchgemeinde ein ausgedehntes Gebiet umfasst. Gleichzeitig ist St. Anne auch eine wichtige Station auf einem **Pilgerweg**, den **katholische Mauritier** regelmäßig entlangwandern und der auch die Kirchen Stella Maris (Le Morne), Seigneur de la Pêche Miraculeuse (La Gaulette) sowie Mater Dolorosa (Case Noyale) umfasst. Speziell am 15. August, dem Tag von Mariä Himmelfahrt, kommen Gläubige aus ganz Mauritius hierher: Dann findet nämlich das **Pilgerfest** mit gro-

Laune der Natur: Die siebenfarbige Erde von Chamarel ist eine der Hauptattraktionen der Insel

ßem Markt statt. Aber auch an ganz gewöhnlichen Tagen lohnt sich ein Besuch dieses stillen Ortes. Für die katholischen Mauritier ist die heilige Anne etwas ganz Besonderes: Sie ist die Mutter der Jungfrau Maria und wird vor allem von Frauen sehr verehrt.

Die Kirche ist von außen schon von Weitem an ihrem markanten **Glockenstuhl** zu erkennen. Das Innere hingegen ist ganz schlicht mit einfachen Holzbänken und einem kleinen Altar. Spenden sind hier herzlich willkommen, denn die Kirche kümmert sich um die Speisung der Kinder in den Dorfschulen der Gemeinde, welche zu den ärmsten auf der Insel gehört und neben Chamarel auch die Dörfer Case Noyale, Coteau Raffin und La Gaulette umfasst. Die Kirche befindet sich im Dorfzentrum von Chamarel und ist stets offen, wenn der Pfarrer anwesend ist.

Essen und Trinken

› **Palais de Barbizon** $ <076> Route Royal, Chamarel, Tel. 4834178, geöffnet: tgl. zum Mittagessen, an Feiertagen unbedingt reservieren. Marie Ange hat die Rezepte ihrer Vorfahren perfektioniert und erhielt dafür Auszeichnungen in Mauritius und La Réunion. Wer authentische Inselküche liebt, sollte sein Mittagessen in diesem originellen Restaurant einnehmen, das neben dem alten Dorfladen eingerichtet und sehr farbenfroh dekoriert wurde. Zum Nachtisch wird echter Chamarel-Kaffee serviert. Man sollte genug Zeit einplanen, denn hier wird ausführlich gegessen, genossen und mit viel Charme serviert. Die Zutaten stammen größtenteils aus dem eigenen Garten.

› **Restaurant Le Chamarel** $$-$$$ <077> Tel. 4836421 geöffnet: tagsüber. Das Restaurant thront in bester Aussichtslage an einem Hang oberhalb der Westküste und bietet einen herrlichen Blick von Tamarin bis Le Morne. Wenn man vom Dorf her kommt und nach Case Noyale fährt, ist dies das letzte Haus auf der linken Straßenseite. Unbedingt einen Tisch auf der Terrasse reservieren, wenn man mit Freunden oder während der Hochsaison kommt. Als Verdauungsspaziergang kann man den Pfad hinter dem Parkplatz und der Forstverwaltung hochgehen bis zum Aussichtspunkt mit Pavillon.

Abenteuer

› **Curious Corner of Chamarel** <078> Route Royale, Chamarel, www.curiouscornerofchamarel.com, geöffnet: tgl. 9.30–17 Uhr, Eintritt: Erwachsene 275 Rupien, Kinder 150. Was tun in Chamarel, wenn das Wetter nicht mitspielt? Ein Besuch in diesem Haus der optischen Illusionen, in dem nichts ist, was es zu sein scheint, bringt die kleinen grauen Zellen so richtig auf Trab. Natürlich auch bei Sonnenschein zu empfehlen. Im angeschlossenen Corner Cafe kann man sich bei einem Eis oder einem Snack von den Strapazen erholen.

› **Seven Coloured Earth Park** <079> Route Royale, Chamarel, Eintritt: 125 Rupien, geöffnet tgl. 8–17.30 Uhr. Achtung: Besucher, die mit dem Mietwagen unterwegs sind, sollten langsam fahren, denn der Zufahrtsweg ist nicht geteert und kann sehr holprig oder aber auch rutschig sein. Bei den Pflanzen mit den roten Beeren links neben dem Eingang handelt es sich um Kaffeesträucher.

› **Ebony Forest Reserve** <080> Royal Road, Tel. 58655383, www.ebonyforest.com. Das Reservat liegt hinter dem Seven Coloured Earth Park, Eintrittskarten können an derselben Kasse erstanden werden. Der Eintrittspreis von 450 Rs für Erwachsene und 270 Rs für Kinder beinhaltet den Zugang zum Besucherzentrum mit Ausstellung, Restaurant und Shop, einen geführten Ausflug, Jeeptransfer zum Trailhead und unlimitierte Zeit auf dem Gelände. Der Waldspaziergang an einem mit endemischen Pflanzen und Bäumen aufgeforsteten Hügel bietet mit einer atemberaubenden Aussicht über Meer und Berge und der Begegnung mit bunten Tropenvögeln ein ganz spezielles Erlebnis! Getreu seinem Namen findet man im Ebony Forest seltene schwarze Ebenholzbäume, die seinerzeit von den Holländern fast komplett abgeholzt wurden. 13 Hektar sind schon bepflanzt, 45 sollen es insgesamt werden. Die Eintrittsgebühren tragen zur Finanzierung dieses einzigartigen Projekts bei. 14 geführte Touren finden täglich statt, die erste beginnt um 9.45 Uhr, die letzte um 16.15 Uhr.

Unterkünfte

› **Happy Days Guesthouse** $$ <081>
La Gaulette Village, Le Morne, Tel. 4515555, 57293338. Im Dorf La Gaulette, nur 10 Minuten von den Stränden von Le Morne, hat sich der Surfer Jean Pierre sein eigenes Shangri-La aufgebaut, das Südseeromantik mit Surfer-Style verbindet. Lockere Atmosphäre, große Zimmer und eine einmalige Aussicht über Meer und Berge.

› **Lakaz Chamarel** $$-$$$ <082>
Tel. 4834240, Piton Canot, Chamarel, www.lakazchamarel.com. Die Bungalows dieser Lodge sind in exotischem Stil gehalten und liegen verstreut in einem großen Garten. „Das Haus" (Lakaz) hat sich zum exklusivsten Boutiquehotel der Gegend entwickelt.

› **La Vieille Cheminée** $ <083>
Tel. 4834249, Vieille Cheminée Road, www.lavieillecheminee.com. Hier finden Wanderer und Pferdefreunde eine Oase weit weg vom Rummel der Zivilisation. Neben dem alten Kamin, von dem das Anwesen seinen Namen hat, schlängelt sich die Straße den Hügel hoch – Reisende erwartet eine Erfahrung der speziellen Art, denn hier lebt man auf einer richtigen Plantage! Die im Inselstil ausgestatteten Bungalows sind urgemütlich und die Umgebung ist wirklich paradiesisch.

Einkaufen

› **Roots of Chamarel** <084> an der Hauptstraße, ein paar hundert Meter vor dem Eingang zum Seven Coloured Earth Park, geöffnet: tgl. 9.30–17 Uhr. Die Inhaberin dieses Ladens hat es sich zum Ziel gesetzt, ihre afrikanischen Wurzeln in die von ihr handgemachten Taschen und Kleidungsstücke mit einfließen zu lassen. Um überleben zu können, führt Roots of Chamarel eine Mischung aus schönem Kunsthandwerk und importierten Souvenirs im Inselstil. Da die Besitzerin in der Künstlerszene bekannt ist, kann man im Roots-Laden so manches schöne Einzelstück entdecken und unterstützt mit dem Kauf die Rasta-Gemeinde.

❹⓪ Piton-de-la-Petite-Rivière-Noire ★★ [C10]

Der auch **Black River Peak** genannte Berg misst 828 Meter und ist damit der **höchste Gipfel von Mauritius**. Er kann vom Nationalpark aus ganz leicht erwandert werden. Ungerechtfertigterweise steht er im Schatten der pittoresk aussehenden nördlichen Gipfel und des düsteren Morne Brabant ❸❼. Dies vielleicht deshalb, weil er nicht allein aufragt, sondern als Teil der Black-River-Bergkette eher unauffällig wirkt. Von Chamarel ❸❽ aus betrachtet, sieht er übrigens bedeutend markanter aus als von der Westküste, und der Blick, den man von seinem Gipfel über die Insel Mauritius und die sie umgebende Lagune genießt, ist unbeschreiblich.

Auf dem Gipfel kann man sich auf einer in den Nationalfarben bemalten Bank ausruhen. Die **„bench 828"** genießt mittlerweile Kultstatus und hat eine eigene Facebookseite.

41 Tamarind Falls ★★ [B11]

Sieben Wasserfälle stürzen sich über ein steiles Felsstück herab, dazwischen sind kleine **Teiche**, in denen man baden kann. Aber das Paradies hat seinen Preis: Es muss erwandert werden. Am besten fährt man von der Ortschaft Vacoas aus nach Henrietta und von dort zum Stausee Tamarind Falls Reservoir. Die Polizei rät, den Mietwagen bei der Bushaltestelle oder dem Tempel zu parken, denn die bis vor Kurzem so friedliche Gegend ist seit dem abrupten Anstieg von Wander-Tourismus auch für Kriminelle interessant geworden. Autos werden aufgebrochen, falsche Schilder aufgestellt und Wanderer, die ihnen folgen, ausgeraubt. Daher empfiehlt es sich, für die Begehung der „7 Cascades" einen der unten angegebenen **Veranstalter zu buchen**. In der Gruppe sind Sie sicher und auch das Parkproblem entfällt, da die Anbieter in der Regel einen Abholservice anbieten. Diese Wanderung ist nicht einfach und für Kinder unter 10 Jahren nicht geeignet. Gute Kondition und solides Schuhwerk sind ein Muss.

› **Otelair**, Tel. 52516680, www.otelair.com
› **Vertical World**, Tel. 6975430, www.verticalworldltd.com

> **EXTRATIPP**
>
> **May the Forest be with you**
> Sie möchten inmitten freier Natur ihr Hochzeitsversprechen geben oder wiederholen und dafür ein Zeichen setzen? Sie möchten aktiv etwas zum Naturschutz beitragen oder einfach im Urlaub etwas Sinnvolles tun? Pflanzen Sie doch einen Ebenholzbaum! Einst bedeckten riesige Wälder aus kostbaren tropischen Hölzern fast die gesamte Insel Mauritius. Ebony Forest Reserve (s. S. 49) will dafür sorgen, dass wenigstens ein kleines Tal wieder so aussieht wie vor der Ankunft der ersten Menschen.

Spazieren durch die Baumwipfel im Ebony Forest Reserve (s. S. 49)

Delfine und Wale im Westen

Die Bucht von Tamarin ist nicht komplett von einem schützenden Riff umgeben. Deshalb eignet sie sich nicht nur hervorragend zum Surfen, es finden sich auch täglich **Tümmler** und **Delfinfamilien** ein, die diesen von den Gezeiten geschützten Ort als „Schlafzimmer" benutzen. Da Delfine Säugetiere sind, können sie sich nicht wie Fische einfach zum Schlafen auf den Meeresboden legen: Sie würden ertrinken. Deshalb ruhen sie nach der nächtlichen Jagd abwechselnd ihre rechte und linke Hirnhälfte aus, während sie in langsamen Kreisen durch die Bucht schwimmen.

Bis 2002 taten sie das unter dem Schutz eines Projektes der Meeresbiologin Delphine Legay. Leider kam diese unter tragischen Umständen ums Leben und seither hat der Rummel um die Delfine von Tamarin beängstigende Ausmaße angenommen. Obwohl es klare Gesetze gibt, nach denen zum Beispiel Boote und Personen nicht näher als 30 m an die Delfine herankommen dürfen, werden diese nur selten berücksichtigt.

So fährt täglich eine zu große Anzahl von Ausflugsbooten voller lärmender Touristen zu nah an die schlafenden Delfine heran, schneidet ihnen den Weg ab und drangsaliert sie regelrecht. Manche Boote fahren gezielt auf Mütter und ihre Babies los. Anbieter geben falsche Versprechungen wie „Schwimmen mit Delfinen" ab, die sie von Rechts wegen gar nicht machen dürften. Eine Organisation zum Schutz der Meeressäuger führte vor Kurzem vor Ort eine Studie durch und dokumentierte zahlreiche Verletzungen der Delfine durch Schiffsschrauben. Aus diesen Gründen gibt die Autorin zur Zeit **keine Empfehlungen** zu Delfin-Aktivitäten. Denn auch die wenigen Anbieter, die sich gerne an die Gesetze halten würden, sind gezwungen, sie zu brechen, wenn sie im „Rat Race" um die besten Delfin-Selfies überleben wollen.

Dasselbe gilt auch für die vor der Küste von Tamarin lebende **Pottwalkolonie**. Zum Glück leben diese sanften Riesen weit von der Küste entfernt und bewohnen ein viel größeres Gebiet als die Delfine.

Spontane, aber eben nicht garantierte Begegnungen mit Delfinen kann man immer noch in der Gegend um Le Morne herum erleben. Die Bootsbetreiberfamilie Celerine von Dreamteam kennt sich in den Gewässern des Westens hervorragend aus und pflegt einen achtsamen Umgang mit allen Meeresbewohnern. Ein Tagesausflug mit Picknick und Schnorcheln kann bei Heidi gebucht werden:
› www.dreamteam-mauritius.com, Tel. 57661737. Heidi spricht Deutsch!

Der Westen

㊷ Black River Gorges National Park ★★★ [C10]

Ein 60 km langes Wegenetz zieht sich durch den 4000 ha großen Park, vorbei an **endemischen Raritäten** wie **Bois-Colophane-Batard-Bäumen**, deren Blüten direkt aus dem Stamm hervorsprießen. **Ausgestorben geglaubte Vogelarten** wie die Rosentaube, der Mauritiussittich und der scheue Mauritiusraupenfänger leben ebenfalls hier und die Park Ranger arbeiten hart daran, invasive Spezies wie den von der madagassischen Königin Betty auf die Insel gebrachten Baum der Reisenden aus dem Park herauszuhalten.

Wegbeschreibungen der Naturpfade befinden sich in den beiden **Parkzentren**, wo auch Karten und Wandertipps abgegeben werden. Der kürzeste Weg zum Park führt über die Küstenstraße mit einer gut beschilderten Abzweigung bei der Ortschaft Rivière Noire. Falls man den Park mit dem Auto über die Hochebene Plaine Champagne erkundet, empfiehlt es sich, auf jeden Fall die **Aussichtspunkte Alexandra Falls** und **Black River Gorges Lookout** anzusteuern.

Zwischen Februar und Ende April sind die kleinen, gelbroten Früchte reif, die in Mauritius Goyave de Chine heißen, aber ursprünglich aus Brasilien stammen. Die Regierung verspricht schon lange, dass man sie aus dem Park entfernen wird, weil es sich um invasive Spezies handelt. Tatsächlich schmecken sie aber so lecker, dass man sich jedes Jahr freut, wenn sie noch da sind.

◁ *Vor der Westküste von Mauritius leben auch Pottwale*

› Besucherzentrum Black River Gorges National Park <085> Hochebene von Le Pétrin, Tel. 5070128, geöffnet: Mo–Fr 8–15.15 Uhr, Sa 8–11 Uhr
› Parkzentrum Black River Gorges National Park <086> Schlucht von Black River, Tel. 5070128, geöffnet: tgl. 9–17 Uhr

㊸ Martello-Turm von La Preneuse ★★ [B9]

Im Jahr 1794 war ein englischer Vizeadmiral so sehr beeindruckt von der Stabilität eines **Wachturms** in einer Ortschaft namens Mortella in Korsika, dass er ihn in die englische Verteidigungsstrategie integrieren wollte. Dies gelang und weltweit wurden daraufhin Hunderte solcher Türme gebaut – fünf davon in Mauritius. Was nicht so gut gelang, war die sprachliche Integration und die Türme wurden Martello Towers genannt, aber das klang auch schön und sie funktionierten prächtig.

In Mauritius mussten die Türme aber nie wirklich ihre Widerstandskraft erproben, da der Feind nie kam. So zerfielen sie nach und nach und stehen heute als **Ruinen** im Zuckerrohr. Derjenige am Strand von La Preneuse wurde im Jahr 2000 von der privaten Organisation „Friends of the Environment" renoviert und ist heute ein historisch einwandfrei wiederhergestelltes und mit Originalstücken aus der Kolonialzeit der Engländer ausgestattetes **Museum**.

Man klettert nicht mehr wie einst auf einer Leiter durch die Öffnung im ersten Stock, aber die Besichtigung des Turms vermittelt ein anschauliches Bild vom kolonialen Leben in einer Festung.

› Strand von La Preneuse, geöffnet: Di–Sa 9.30–17 Uhr, Sonntag/Feiertage 9.30–13.30 Uhr

㊹ Tamarin ★ [B9]

Tamarin befindet sich gleich neben dem markanten **Mount Rempart**, der aussieht wie eine Mini-Ausgabe des Matterhorns. Einst Treffpunkt der Hippies und Surf-Freaks, hat sich der **pittoreske Ort** hinter der gleichnamigen Bucht zum neuen **Edelquartier** der Insel gemausert. An den Hängen des La-Tourelle-Berges im Süden von Tamarin reihen sich die Luxusvillen aneinander und auch im benachbarten Black River werden **neue Siedlungen** gebaut. Bald werden sie bis an die Pforten des Nationalparks ㊷ reichen. Ein Teil der Salinen, die für die Ortschaft früher typisch waren, musste neuem Wohnraum und **Boutiquen** weichen. **Golfplätze, Hotels und Spas** schießen wie Pilze aus dem Boden. Durch die zahlreichen Bewässerungsanlagen hat sich auch das Klima der einst trockenen Region geändert – zum Vorteil einiger Tier- und Pflanzenarten.

Die ursprünglichen Bewohner von Tamarin sind Fischer. Sie wohnen größtenteils in *Townships,* den sogenannten Cités. Einige stehen der rasanten Entwicklung etwas hilflos und nicht unbedingt wohlwollend gegenüber und bleiben lieber unter sich.

Inmitten der Ortschaft Tamarin liegt ein großes Stück unbebauten Landes: ein Überbleibsel einer Saline, die 2015 ihre Tore für immer schloss. Direkt neben der Kirche jedoch feiert die **Saline de Yemen** eine Wiedergeburt. Die Betreiberfamilie beschloss, nicht nur weiterhin Salz auf traditionelle Art und Weise zu produzieren, sondern auch Besucher daran teilhaben zu lassen. Die Saline ist von 7 Uhr morgens bis 11 Uhr geöffnet.

❯ Saline de Yemen <087> Coastal Road, Tamarin, Tel. 4838459

Unterkünfte

❯ Guest House Chez Jacques $ <088> www.guesthousechezjacques.com, Tel. 57155108. In der Seitenstraße hinter dem Hotel Tamarin und mitten im lokalen Cité befindet sich das erste Guest House, das in den 1960er-Jahren für die Surfer eröffnet wurde. Es hat urigen Charme und wurde vor ein paar Jahren generalüberholt. Die Zimmer gibt es mit Frühstück zum unschlagbaren Preis.

❯ Hotel Tamarin $-$$ <089> Public Beach Road, Tamarin, Tel. 4816581, www.hotel-tamarin.com. Durch die Küstenstraße vom Strand getrenntes Hotel der Veranda-Gruppe. Die Bungalows sind im farbenfrohen Retro-Stil der 1970er-Jahre gehalten, in der Bar finden sich lokale Musiker ein und die hauseigene Surfschule biete Kurse und Surf-Safaris an.

❯ River House $-$$ <090> The River House, Le Barachois, Baie du Tamarin, Tel. 4830266 und 54222277, www.riverhouse.mu. Am Fluss und doch fast am Meer liegt diese liebevoll gepflegte Mini-Lodge mit drei Doppelzimmern und einer Suite. Hier gibt es Frühstück mit Blick auf den Fluss – süchtig machend!

❯ The Bay Hotel $$ <091> Avenue des Cocotiers, La Preneuse, Tel. 4838525, www.thebay.mu. Kleineres, aber piekfeines Strandhotel mit Gourmetrestaurant direkt am weißen Sandstrand. Gastgeber und Team sind außerordentlich zuvorkommend und freundlich.

Essen und Trinken

❯ Big Willy's $$ <092> neben dem Einkaufszentrum Le Barachois am Fluss, Tel. 4837400, geöffnet: Di-Do 12-24 Uhr, Fr/Sa 12-3 Uhr. Hier spielen regelmäßig Livebands. Ein schönes Plätzchen zum Essen, Chillen und Musikhören.

❯ La Bonne Chute $$-$$$ <093> Tel. 4836552. Das urige Lokal mit Wild-

und Fischspezialitäten befindet sich bei der Total-Tankstelle in La Preneuse, geöffnet ist tgl von 11 bis 14.30 Uhr und abends von 18.30 bis 22.30 Uhr. Hier serviert der Chef persönlich französische und kreolische Küche – gelegentlich mit deutschem Einschlag, denn er hat sein Handwerk in Deutschland gelernt. Empfehlenswert: Wildschweinbraten und Curry mit Meeresfrüchten.

› **Le Kiosk** $^{\$\$}$ <094> im Einkaufscenter Ruisseau Creole, Route Royale, Black River, geöffnet: 8.30 bis 18 Uhr, an den Wochenenden bis 23 Uhr. Unter Sonnenschirmen direkt an der Plaza des Einkaufscenters gelegen, mit Großbildschirm-TV für die Liveübertragung internationaler Rugby-Spiele. Im Angebot sind Snacks und leichte Mahlzeiten.

› **Secret Garden** $^{\$\$}$ <095> Tutti Frutty Complex, La Mivoie, Black River, Tel. 4838252, geöffnet: mittags und abends, Bar und Nightlife ab 22 Uhr. Dieses Restaurant mit Pool und Garten pflegt den Bali-Stil mit Fusion-Küche und exotischen Drinks. Es liegt etwas versteckt im kleinen Shoppingcenter Tuttifrutti in La Mivoie bei Tamarin. Regelmäßig finden Konzerte und Events statt.

㊺ Casela Nature and Leisure Park ★★ [C8]

Auf 14 ha tummeln sich 1500 ausländische und einheimische **Vogelarten** sowie **Schildkröten** von den Seychellen und aus Madagaskar. In Käfigen gibt es **Lemuren, Flughunde** und zahlreiche weitere Tierarten zu sehen. In großen Becken schwimmen farbige **Fische**. Es gibt Möglichkeiten für **Aktivitäten in der Natur** wie Trekking, Ziplines (Seilrutschen), Quadbiking und Segway und man kann importierten Löwen, Geparden, Tigern, Nashörnern, Kamelen und Zebras aus Afrika und Indien hautnah kommen.

› Cascavelle, Mauritius, Tel. 4522828, www.caselapark.com, geöffnet: Mai–Sept. 9–17 Uhr, Okt.–April 9–18 Uhr, Weihnachten/Neujahr geschlossen, Eintritt: 450 Rupien, Kinder 290 Rupien. Aktivitäten können an der Kasse separat gebucht werden.

㊻ Flic en Flac ★ [B7]

Einst ein verträumtes Fischerdorf mit Friedhof und riesigem mit Kasuarinen bestandenen Strand, hat sich dieser Ort zu **einem zweiten Grand Bay** ⓫ gemausert. Die Architektur Flic en Flacs ist sehr eigenwillig und es gibt offenbar keinerlei Regeln, um den Wildwuchs zu bremsen, – auch nicht solche des guten Geschmacks.

Gut ist, dass der **Strand** immer noch lang und weiß und schön ist und das Wetter in der Regel sonnig. Der Strand von Flic en Flac ist an den Sommer-Wochenenden von halb Quatre Bornes ㊿ bevölkert. Dann wird gegrillt, gesungen und getanzt, Zelte ragen auf und ganze Sippen sitzen gemeinsam um die Kochtöpfe.

Hier schlendert man im Gegensatz zu Grand Bay gern gemächlich am Straßenrand entlang und bewundert die Auslagen der immer zahlreicher werdenden **Läden**. In Flic en Flac ist echt was los – und das im Gegensatz zu Tamarin auf eine bodenständig-lockere Art.

Gleich hinter dem Ort befindet sich in Wolmar die Fortsetzung des Sandstrandes, aber mit luxuriösen Hotels und gediegenen Boutiquen.

Essen und Trinken

› **Zub Express** $^{\$-\$\$}$ <096> Küstenstraße 286, Tel. 57776655. Nach dem Umbau etwas aufgebretzelt, aber gut wie eh und je: direkt an der Hauptstraße gelegener ehemaliger Imbiss, der sich in ein Speiselokal verwandelt hat. Zub Express ist liebevoll eingerichtet, die Gerichte werden schön präsentiert und die indisch-chinesische Küche in dem alkoholfreien Restaurant schmeckt genauso gut, wie die Preise niedrig sind.

Unterkünfte

> Dream Team Ferienwohnungen $-$$ <097> Tel. 4834070 oder Tel. 52565428. Die Deutsche Monika Celerine bietet zusammen mit ihrer mauritischen Familie Ausflüge mit dem Boot und auch Unterkünfte an der Westküste an.

> Rayon Vert $ <098> Route Royale, Flic en Flac, Tel. 57897869. Vom Strand nur durch eine Straße getrennt, bietet diese Anlage Ferienwohnungen mit zwei bis drei Zimmern, Bad und Küche fürs kleine Budget. Ein ausgezeichnetes Preis-Leistungs-Verhältnis und zudem eine sehr zentrale Lage. Ideal auch für Familien.

> Sugar Beach Resort $$ <099> Tel. 4033300, www.sugarbeachresort.com. Am weißen Sandstrand von Wolmar befindet sich dieses Viersternehotel direkt neben seinem Schwesterhotel La Pirogue. Mit vielen Freizeitaktivitäten und Kinderklub. Ein Zimmer ist 100 % rollstuhltauglich.

Nachtleben

> Kenzi Bar <100> Avenue Petite Marie, geöffnet: 18.30–24 Uhr, Tel. 4944133. Ein paar Schritte hinter dem Spar-Supermarkt befindet sich diese Kultbar mit afrikanischem Dekor, mit Palmen bestandenem Garten und Livemusik. Unbedingt zu empfehlen, wenn man in Flic en Flac einen Abend in guter Gesellschaft verbringen oder die besten Seggae-Bands von Mauritius hören will.

> Shotz <101> Route Royale, Flic en Flac, Tel. 59180311. Flic en Flac rüstet auf! Seit einiger Zeit gibt es hier einen Nightclub, der den berühmten Discos Grand Bays in nichts nachsteht. Shotz heißt er, liegt an der Hauptstraße und ist an Freitagen und Samstagen von 23 Uhr bis 4 Uhr geöffnet.

Wellness

> Gem-Spa, Tel. 59429070. Die Besitzerin dieses mobilen Spas arbeitete als Therapeutin und Spa-Chefin in mehreren großen Hotels. Nun hat sie sich selbstständig gemacht und verwöhnt ihre Kundinnen rund um die Insel auf Bestellung mit Heilmassagen, natürlichen Ölen und Blütenessenzen. Sie bietet neben Entspannungsmassagen auch spezifische Behandlungen an.

47 Leuchtturm von Albion ★ [C6]

Im Jahr 1910 wurde dieser **30 Meter hohe Leuchtturm** eingeweiht. Er gilt als das Markenzeichen der Region und sieht mit seinen roten und weißen Streifen wie eine Zuckerstange aus. Mit etwas Glück ist man vor Ort, wenn die wöchentliche Inspektion stattfindet, dann darf man vielleicht mit dem Inspektor hochsteigen. Denn der Leuchtturm von Albion untersteht der Hafenbehörde und wer ihn besteigen will, muss ansonsten schriftlich anfragen. Die Aussicht vom Turm ist überwältigend. Oft sieht man Delfine und Wale, die sich vor der Steilküste tummeln.

> Leuchtturm von Albion, Pointe aux Caves, Anfragen: Mauritius Ports Authority, www.mauport.com

Die Gipfel der Bergkette Les Trois Mamelles sind Teil eines Vulkans

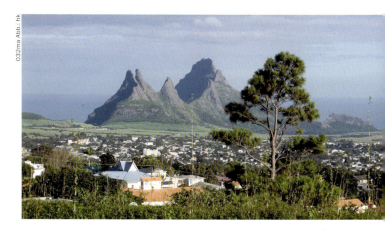

Das Zentralplateau

Menschen, die Mauritius besuchen, rühmen die schöne Lagune, das tiefblaue Meer und die Strandhotels. Aber es wäre jammerschade, wenn man es bei einem Badeurlaub belassen würde. Hinter den Stränden liegt eine ganze Menge Mauritius, das allemal eine Entdeckungsfahrt wert ist.

Wer sich ins Landesinnere wagt, spürt schnell, wie Verkehr und Bevölkerungsdichte zunehmen. Nach Erreichen von **Curepipe** 48 und ihrer Schwesterstadt **Floréal** stößt man auf ein breites Band aus Städten und ihren Vororten. Hier ist die am dichtesten besiedelte Zone von Mauritius, irgendwo müssen die fast 1,3 Millionen Menschen schließlich leben. Das **Mahatma Gandhi Institute** und die **Universität von Mauritius** befinden sich hier, genau wie die Bierbrauerei Phoenix und zahlreiche Einkaufszentren. Daneben findet man dienstags und freitags in **Vacoas** den Früchte- und Gemüsemarkt und in **Quatre Bornes** 51 den beliebten Markt für Kleider und Textilien.

Zwischen den urbanen Zonen gibt es immer wieder Orte von atemberaubender Schönheit, so wie den seltsam geformten **Piton du Milieu** oder die **Teeplantagen** Bois Chéri, Corson und La Chartreuse. Von Quartier Militaire und Moka aus führt die **neue Autobahn** hinter der Bergkette von Montagne Longue über Crêve Coeur, Valton und Bois Pignolet und mündet an der Kreuzung von Khoyratty, kurz vor Pamplemousses, in die alte Schnellstraße ein. Diese neue Route eröffnet gleichzeitig ganz neue Aussichten. Leider ist zurzeit (Stand: Mai 2018) ein Teilstück **nach Regenfällen schwer beschädigt**. Es gibt eine **Umfahrung**, die jedoch nur Mo bis Fr von 6 bis 18 Uhr geöffnet ist.

› Piton du Milieu <103>

48 Curepipe und Floréal ★★ [E8]

Die **Engländer** entdeckten die Vorteile des Hochplateaus nicht unter den besten Umständen. Im Jahre 1851 nämlich brach in der Gegend von Mahébourg eine lang andauernde Cholera-Epidemie aus. Um Frauen und Kinder vor Ansteckung zu schützen, baute man für sie Unterkünfte im Hinterland, wo das Wasser frisch und klar aus vielen Quellen floss und das Klima im Winter fast so neblig und kühl war wie im englischen Sommer. Curepipe ist denn auch bis heute eine britisch anmutende Hügelmetropole geblieben, mit sprödem Charme, aber **hervorragender Infrastruktur**. Im leicht zu Fuß begehbaren **Stadtzentrum** findet man eine breite Hauptstraße mit **sehr schönen Läden**, einem großen **Busbahnhof** und den beiden **Kirchen**, St. Hélène und St. Thérèse. Auch ein **Botanischer Garten** ist vorhanden.

Im nahe gelegenen Nobelort **Floréal** liegen gleich hinter dem Einkaufszentrum **Floréal Square** zahlreiche Botschaften und Konsulate neben den Villen der mauritischen Oberschicht.

EXTRATIPP

La Route du Thé
Die Domaine des Aubineaux ㊾ ist auch die erste Etappe der Teeroute La Route du Thé, die Eintrittskarten für den Besuch der Domaine des Aubineaux, der Teefabrik Bois Chéri ㉟ sowie der Domaine de St. Aubin mitsamt Garten und Rumfabrik (s. S. 41) umfasst. Die Gebühr von 2000 Rs (Erwachsene) bzw. 1000 Rs (Kinder) beinhaltet ein stilvolles Mittagessen im Restaurant der Domaine de St. Aubin, der letzten Etappe der Rundfahrt. Das Ticket ist sieben Tage gültig, sodass man die Sehenswürdigkeiten ausführlich genießen kann. Besucher reisen bequem im Taxi oder individuell im Mietwagen von einer Etappe zur nächsten.

㊾ Domaine des Aubineaux ★ [E8]

Wer sich für **Kolonialhäuser** und die Geschichte von Mauritius interessiert, sollte den Besuch dieser im Jahr 1872 erbauten Villa nicht verpassen. Die mit den Originalmöbeln und -wanddekorationen ausgestatteten Räume vermitteln anschaulich das Leben zu Zeiten der großen Kolonialherren. Im ehemaligen Billardzimmer wird **zum Tee** gebeten und anschließend können die Gäste im Garten die alten Kampferbäume und endemischen Pflanzen besichtigen. Im umgebauten ehemaligen Stallgebäude befinden sich eine Destillieranlage, der Laden und ein Konferenzraum.

› tgl. 9–17 Uhr, Eintritt: Erwachsene 300 Rs, Kinder 150 Rs

Einkaufen

› **Phoenix Glas-Galerie** <104> Pont Fer, Vacoas-Phoenix, Tel. 6963360, geöffnet: Mo-Sa 8–17 Uhr, Eintritt: 50 Rupien. Im ersten Recyclingprojekt der Insel kann man den Glasbläsern bei der Arbeit zusehen und die fertigen Produkte kaufen oder seinen eigenen Handabdruck oder den seiner Kinder für etwa 600 Rupien im Glas verewigen.

Essen und Trinken

› **La Clef des Champs** $$$ <105> Queen Mary Avenue, Floréal, Tel. 6863458. Jacqueline Dalais heißt die Frau, die der Inselgastronomie einen Namen verlieh und die kreolische Küche gekonnt mit Haute Cuisine verbindet. Ihr Restaurant liegt im schicken Nobelvorort Floréal. Wenn man einmal im Urlaub mondän essen gehen will, sollte man es hier tun – so wie auch die lokale Prominenz. Leichte Küche am Mittag, große Gastronomie am Abend.

Das Zentralplateau

› **Le Petit Journal** $-$$ <106>
Route Royale, Forest Side, Tel. 6700221. Minirestaurant mit Tagesmenü und Snacks. Hier treffen sich die Einheimischen zum Morgenkaffe, Mittagessen oder Nachmittagstee. Zudem bietet das Lokal auch zahlreiche Zeitschriften und Bücher. Hier wird das Hirn gleich mit gefüttert.

Nachtleben
› **Xindix Night Club** <107> Joomun Gebäude, Curepipe, Tel. 6746723, geöffnet: Fr–Sa ab 22 Uhr. Hier haben schon Generationen von Nachtschwärmern zum Bollywood Groove die Hüften geschwungen, mit den Armen gewedelt und laut mitgesungen. Vielleicht sollten Sie es auch mal probieren? Keine Angst vor Blamage, man geht sowieso in der Menge unter.

Einst kamen hier Hirsche zur Tränke: das Kraterloch des Trou aux Cerfs

⑤⓪ Trou aux Cerfs ★★★ **[E8]**

Dieser kreisrunde **Krater** trennt Curepipe von Floréal und Vacoas. Um seinen Rand führt eine Straße, die tagsüber von Taxis und Bussen mit Ausflüglern besucht ist, abends und an den Wochenenden jedoch von den Einheimischen als Joggingbahn benutzt wird. Der sumpfige, kleine **Kratersee** kann auf einem schmalen und wegen des vielen Regens meist rutschigen Pfad erreicht werden. Die Hirsche kommen schon lange nicht mehr zur Tränke ans „Hirschloch", aber die Sicht vom 605 m hohen **Aussichtspunkt** über Mauritius ist herrlich und definitiv ein „Must". Man sieht fast alle Berggipfel der Insel.

› Zu Fuß (anstrengend!) oder mit dem Auto erreicht man den Kraterrand am besten von Floréal oder Curepipe ❹❽ aus. Die Schilder beachten! Neben dem Park befindet sich eine saubere öffentliche Toilette, das Klopapier muss man jedoch selbst mitbringen.

(51) Quatre Bornes ★ [D7]

Die zwischen dem Hügel von Candos und dem steilen Berg Corps de Garde gelegene **drittgrößte Stadt von Mauritius** wird auch „Stadt der Blumen“ genannt. Davon merkt man aber leider wenig, wenn man an einem heißen Markttag die vielbefahrene Hauptstraße entlangfährt oder am zentral gelegenen Busbahnhof ankommt. Hier reihen sich die Geschäfte dicht an dicht und es gibt praktisch keine historischen Gebäude im Stadtzentrum. Sehenswert sind dafür der **Textilmarkt** am Donnerstag und Sonntag, das **Orchard Centre** mit seinen preiswerten Läden und die vielen **modernen Shoppingcenter**, welche die Stadt von allen Seiten umgeben. Quatre Bornes bildet mit Beau Bassin, Rose Hill und der neu erbauten Cyber City (52) eine langgestreckte urbane Zone, die fast bis nach Port Louis reicht.

Einkaufen

› **Orchard Centre** <108> Brown Sequard Avenue, Quatre Bornes

Unterkunft

› **Mountview Hotel** $ <109> 88 Trianon 2, Quatre Bornes, Tel. 4649895. Hier steigen Besucher ab, die eine zentrale Lage und einen ruhigen Ort zum Schlafen suchen: Das Mountview Hotel bietet saubere und ruhige Zimmer für Reisende mit kleinem Budget. Frühstück wird auf der Terrasse serviert und an heißen Tagen lockt ein kleiner Pool.

Essen und Trinken

› **Green Dragon** $ <110> St. Jean Road, Quatre Bornes, abends geöffnet. Das Green Dragon gehört denselben Besitzern wie das berühmte und exklusive Restaurant King Dragon gleich nebenan. Die Speisekarte ist etwas weniger elegant und das Restaurant sieht aus wie ein Straßencafé, aber das Essen ist sehr gut: traditionelle chinesische Gerichte mit einer Prise Mauritius.

Nachtleben

› **Queens Club** <111> Ecke Hauptstraße/ St. Jean Road, La Louise, Quatre Bornes. Tel. 2547755, geöffnet Fr–Sa 22–6 Uhr. Im zweiten Stock oberhalb des Restaurants King Dragon. In diesem Klub für ein breit gefächertes Publikum finden regelmäßig Special Events und Modeschauen statt. Der Queens Club hat auch eine mobile Disco, die man mieten kann.

Wellness

› **Wellness 365** <112> Avenue des Goyaviers 39, Sodnac, Quatre Bornes, Tel. 59384600. Raj Bhunjun hat in namhaften Hotels langjährige Erfahrung gesammelt. Diese setzt er in seinem eigenen Mini-Spa um. Mit klassischer Massage, La-Stone-Behandlung, Blütenessenzen, Esalen, indischer Akupunktur oder Royal Thai kriegt der Mann seine Kunden sanft, aber beharrlich wieder ins Lot. Er kommt gegen einen Aufpreis auch nach Hause.

(52) Cyber City ★ [D7]

Die Regierung beschloss zur Jahrtausendwende, Mauritius zu einer sogenannten „Cyber-Insel“ zu entwickeln. In der Folge wurde ein Zuckerrohrfeld an einem Ort namens Ebène zur neuen Cyber City umfunktioniert. Die Struktur bestimmte der Staat, einheimische Baufirmen **bauten nach abenteuerlichen Plänen** und **internationale Großkonzerne** lieferten sich regelrechte Wettrennen darum, wer seinen Sitz im ausgefallensten Hochhaus der seit 2002 aus dem Boden gestampften, komplett neu geplanten Stadt eröffnen durfte. Heute hat die Cyber City ein Eigenleben mit **Ho-**

tels, **Läden**, **Wohnhäusern** und **Busstationen**. Tausende von Arbeitsstellen wurden geschaffen und die Architektur und der Lifestyle haben sich **an die großen Metropolen Asiens angepasst**. Der Cyber-Boom brachte zahlreiche Ausländer auf die Insel, die einen neuen, luxuriösen Lebensstandard einführten.

Unterkunft
› **Hotel Hennessy Park** $$$ <113> Cyber City, Ebène, Tel. 4037200, www.hennessyhotel.com. Das Hotel Hennessy Park befindet sich mitten in der Cyber City und ist von der Lage her eher für Geschäftsleute und Mitarbeiter der Großfirmen, die hier ansässig sind, konzipiert.

Essen und Trinken
› **Atmospheres** $$$ <114> NexTeracom Tower 2, Tel. 4681679. Schickes Trendlokal zum Essen und auch für den Drink danach, mit Happy Hour und Events. Hier trifft die neue Generation der gehobenen Gesellschaft auf die ausländischen Toparbeiter der internationalen Großkonzerne.
› **Burger Express** $ <115> Neben der Bushaltestelle von Ebène steht ein umgebauter Bus, in dem tagsüber Snacks und Drinks verkauft werden. Mit Hamburgern und vegetarischen Gerichten versorgt der Burger-Bus die Arbeiter von den nahe gelegenen Baustellen und den neuen Büros gleichermaßen. Schnell und preiswert.

Nachtleben
› **Altitude NightClub** <116> Ebène Commercial Centre, Tel. 4549124, geöffnet: Fr–Sa ab 20 Uhr. Seit ein paar Jahren existiert dieser Klub mit seinen vielen Facetten. Tropische Open-Air-Bar, Shisha-Bar, „Members Only"-Privatbereich und öfter Konzerte und Auftritte von internationalen Stars.

53 Jüdischer Friedhof St. Martin und Beau Bassin Informationszentrum für Jüdische Gefangene ★ [C6]

Drei Kilometer nördlich der Ortschaft Bambous befindet sich im Schatten des Berges Corps de Garde ein winziges Museum neben einem Friedhof mit einer interessanten Geschichte: Hier liegen in 127 mit identischen

Der jüdische Friedhof bei Bambous

Grabsteinen gekennzeichneten Gräbern jüdische Internierte, auf verworrenen Wegen hierher geratene Flüchtlinge des Zweiten Weltkriegs. 1940 knapp vor dem Holocaust von den Nazis aus Polen und Österreich nach Palästina abgeschoben, hatten sie an Bord von schlecht ausgerüsteten Schiffen bereits eine wahre Odyssee erlebt.

In Palästina waren sie jedoch auch nicht willkommen: Die britischen Mandatsbehörden hatten einen Einwanderungsstopp verhängt und beschlossen, alle illegalen Einwanderer für die Dauer des Krieges in eine britische Kronkolonie zu deportieren. So landeten die mehr als 1500 Männer, Frauen und Kinder schließlich auf Mauritius, wo sie in einem Gefängnis und in Baracken mit Blechdächern nahe der Ortschaft Beau Bassin interniert wurden.

Dabei wurden sie fast **wie Kriegsgefangene gehalten**, Männer und Frauen bis 1942 strikt getrennt, Familien auseinander gerissen. Erst im August 1945 wurden die Lagerinsassen vor die Wahl gestellt, auf Mauritius zu bleiben oder nach Palästina zurückzukehren. Die meisten kehrten der Insel ohne Bedauern den Rücken.

Eine jüdische Vereinigung mit Mitgliedern aus Südafrika und Australien kümmert sich um die Gräber und hat auch den Umbau der ehemaligen Friedhofskapelle in ein **Museum** finanziert. Die Besucher erhalten auf kleinstem Raum anschauliche Einblicke ins Lagerleben und lernen anhand von sorgfältig restaurierten und gut präsentierten Bilddokumenten in dieser denkwürdigen und von der Welt vergessenen Stätte die Insassen und ihre Schicksale kennen.

› Mi, Fr 10–16, So 10–13 Uhr, Tel. 6262503 (zu den Öffnungszeiten)

Wer mehr über die spannende Geschichte der jüdischen Internierten auf Mauritius wissen möchte, kann in den folgenden Büchern nachlesen:
› **Ronald Friedmann:** Exil auf Mauritius 1940 bis 1945. Das Schicksal emigrierter Juden. Report einer „demokratischen" Deportation. Edition Ost, Berlin 1998.
› **Geneviève Pitot:** Der Mauritius-Schekel. Grasset, Paris 2008.

54 Moka Eureka House ★★ [D6]

In Moka gibt es neben einigen exklusiven Privatschulen und vielen steilen Sträßchen eine besondere Attraktion, nämlich die **Villa Eureka**. Diese koloniale Domäne besticht durch ihr Alter und ihre Schönheit. Sie ist das Stammhaus der Familie des Nobelpreisträgers für Literatur **Jean-Marie Gustave Le Clézio**.

Hier sind Gäste nicht nur für Tagesbesuche willkommen, sie können auch gleich die Nacht in einem Gartenpavillon des Landguts verbringen.

› Eureka House befindet sich in der Ortschaft Moka, etwa 2 km südlich von Port Louis. Die Sehenswürdigkeit ist gut ausgeschildert. Besichtigungen: Mo-Sa 9–17 Uhr, So bis 15.30 Uhr, Tel. 4338477, www.maisoneureka.com.

55 Pieter Both ★★ [E6]

Die **Holländer** sahen in dem langgestreckten Berg mit rundem Aufsatz ihren **Admiral und Gouverneur Pieter Both,** der von der Brücke aus „das Schiff Mauritius" allzeit unter Kontrolle hatte. Tatsächlich ist der Pieter Both fast von überall auf der Insel zu sehen und für Seeleute nach wie vor ein **Hauptorientierungspunkt.** Man kann seinen Gipfel von der Ortschaft Crêve Coeur aus erreichen. Die

Besteigung ist nicht schwierig, außer dem letzten Stück, dem „Kopf des Kapitäns", für welches man sich abseilen muss.

Der echte Pieter Both ertrank übrigens bei einem Schiffsunglück vor der Westküste und soll von seiner Besatzung am Strand von Baie du Tombeau beigesetzt worden sein.

› Wer den Berg bezwingen will, wendet sich an **Vertical World** oder **Otelair** (s. S. 51). Beide bieten Transfer ab der Unterkunft oder einem vereinbarten Treffpunkt.

> **EXTRATIPP**
>
> **The Flying Dodo Restaurant und Mikrobrauerei**
>
> Sie bezeichnen sich als Alchemisten und brauen pro Jahr 20 Sorten Bier. Ihre Brauerei findet man nicht irgendwo im Industrieviertel, sondern mitten im eigenen Restaurant in einer Shoppingmall namens Bagatelle, direkt an der Autobahn Port Louis–Quatre Bornes. Geöffnet an sieben Tagen die Woche von 9 bis 24 Uhr, ist der Flying Dodo ein Ort, an dem man schnell ein kühles Blondes, Braunes oder ein Belgisches Dunkelbier genießen, neue Bierkreationen probieren und auch Likör, Seife und sogar Bonbons aus dem edlen Hopfensaft erstehen kann.
>
> Internationale Biere werden im Untergeschoss angeboten, während frischgebraute und unpasteurisierte einheimische Biere zu Snacks und leckeren Mahlzeiten gleich neben der Brauerei serviert werden. Wem das alles noch nicht genug Hopfen-Power ist, kann sich im Bier-Spa im Untergeschoss verwöhnen lassen.
>
> › **The Flying Dodo Restaurant und Mikrobrauerei**, im Bagatelle, Le Réduit, Moka, Tel. 4688810

Rodrigues

Rodrigues hat seit 2002 einen **autonomen Status** innerhalb der Republik, liegt 560 km westlich von Mauritius und hat knapp 39.000 Einwohner. Die zerklüftete Insel ist 18 Kilometer lang, höchstens 6,5 Kilometer breit und ihre Landfläche von etwa 109 Quadratkilometern ist von einer doppelt so großen Lagune umgeben. Ihr höchster Berg, der Mont Limon, ist gerade mal 398 Meter hoch. Der **Fischfang** und die **Aufzucht von Tieren** sind die Haupteinnahmequellen der Insel. Seit einiger Zeit entwickelt sich auch ein **sanfter Tourismus** und pro Jahr wird Rodrigues von etwa 50.000 Reisenden aus aller Welt besucht.

Im Gegensatz zu Mauritius hat die Insel nach extensiver Abholzung durch die Engländer ein eher trockenes Klima und das Inselinnere besteht aus kleinen Dörfern, verstreut liegenden Häusern mit Kuh- und Ziegenweiden und einem Grüngürtel aus Bäumen und Gebüsch, der an manchen Stellen bist zur Küste hinabreicht.

Alle **Hauptverkehrsstraßen** von Rodrigues führen am langgestreckten Bergrücken entlang, aus dem die Insel besteht. Sie verbinden den Flughafen mit Baie du Nord und Pont Mathurin im Norden und Pointe Coton im Osten. Die Küste im Süden ist von Pointe Butte bis kurz vor das Hotel Mourouk Ebony durch eine geteerte Straße erschlossen. Auch im Norden ist ein Stück Küstenstraße vorhanden, dieses verbindet Baie du Nord mit Anse aux Anglais.

Die übrigen Straßen sind entweder nicht geteert oder es handelt sich dabei um Naturstraßen. Es ist daher empfehlenswert, schon vor Reiseantritt einen **geländegängigen Mietwagen** zu bestellen, wenn man mobil sein möchte.

Auf Rodrigues nehmen nur die Geschäfte am Flughafen oder die größeren Lodges, Guest Houses und Hotels Kreditkarten an. Es gilt also vorzusorgen und stets genügend Rupien dabeizuhaben, denn **Geldautomaten** gibt es nur in Port Mathurin und La Ferme. Auch Tankstellen gibt es bisher nur an zwei Orten: eine in Port Mathurin und eine in Mont Lubin.

Rodrigues wird von Mauritius aus entweder per Schiff oder per Flugzeug mit Air Mauritius erreicht (s. S. 104).

56 Markt in Port Mathurin ★★★ [ce]

Port Mathurin ist eine **Hafenstadt** und die unbestrittene **Inselmetropole**. Hier leben fast 6500 Einwohner, die Infrastruktur umfasst Hotels, Restaurants, das Hauptpostamt, Banken, ein Krankenhaus, den zentralen Busbahnhof, die Polizeistation und eine von zwei Tankstellen der Insel. Auch die Regierungsgebäude befinden sich hier, genauso wie das Fremdenverkehrsamt, zahlreiche Geschäfte, die Hafenverwaltung und der Zentralmarkt. Jeden Morgen kommen zusätzlich ein paar hundert Menschen zur Arbeit in die Stadt. Sie fahren jedoch schon um 16 Uhr wieder nach Hause und dann wird es in Port Mathurin sehr still.

Der **Markt** findet mittwochs und samstags von 4.30 Uhr bis nachmittags auf dem Platz neben dem Busbahnhof und dem Hafen statt. Wer gut einkaufen will, muss also früh aufstehen. Spätestens bei Sonnenaufgang ist aufgebaut und um 8 Uhr morgens sind manche Frischwaren schon ausverkauft. In Rodrigues gibt es abgesehen von ein paar Hotelboutiquen keine Läden und Souvenirgeschäfte wie in Mauritius. Kleine Anbieter sind hier die Regel, anstatt Billigimport wird Selbstgemachtes angeboten. Dies ist erfrischend und spannend zugleich, denn es gibt keine Norm und an einem Tag mag ein Artikel vorhanden sein, dann aber dauert es unter Umständen wochenlang, bis die Handwerker wieder so viele davon hergestellt haben, dass es sich für sie lohnt, damit zum Markt zu gehen. Neben Früchten und Gemüse sind die mit äußerster Vorsicht zu genießenden, aber süchtig machenden *Piments* (Chilis) ganz groß im Angebot. Es gibt davon alle möglichen Variationen, denn jede stolze Herstellerin hat ihr Geheimrezept. Daneben finden sich Torten, getrockneter Tintenfisch, Würste und natürlich Honig.

Kein Markt kann außerdem ohne die traditionellen Rodrigues-Hüte stattfinden. Auch die übrigen Flechtwaren sind sowohl als Souvenirs als auch als Gebrauchsartikel bei der Bevölkerung sehr gefragt. Sie reichen von Matten bis zu Taschen in allen Formen und Farben.

57 Anse aux Anglais ★★ [ce]

An der Nordküste neben Port Mathurin gelegen, ist dies die einzige Ortschaft in Rodrigues, in der sich der **Tourismus** etwas breitgemacht hat. In der „Bucht der Engländer" landeten tatsächlich im Jahr 1809 im Zuge der napoleonischen Kriege einst englische Schiffe. Heute findet man in dem malerisch am Meer gelegenen Fischerdorf mit dem **langen Sandstrand** einige Restaurants, Souvenirshops, Guest Houses, einen Tauch- und einen Nachtklub.

Trou d'Argent und Anse Bouteille

EXTRATIPP

Wenn man aus dem Wäldchen auf den goldenen Sand dieser winzigen Buchten tritt, ist man beeindruckt. Glasklar und türkis ist das Meer, pudrig fein der Sand; perfekt die Form der hufeisenförmigen Felswand im Hintergrund von Trou d'Argent und der Rundung von Anse Bouteille! Diese Orte bergen eine solche Schönheit, dass sie Künstler, Mystiker und spirituelle Sucher magisch anziehen. Trou d'Argent und Anse Bouteille können nur zu Fuß erreicht werden (s. S. 81).

☐ *Ein wunderschöner Ort: die Bucht von Trou d'Argent*

037ma Abb.: hk

58 Mont Limon ★★ [ce]

Der Mont Limon ist die **höchste Erhebung der Insel**, die aber mit gerade mal 398 m bescheiden ausfällt. Er kann in einer kurzen Wanderung von der Straße nach Mont Lubin aus erreicht werden (einfach am Straßenrand parken).

Es führt eine Art Treppe auf den Berg, die Stufen sind aber schwierig zu finden, da der Weg nicht ausgeschildert ist. Im Zweifelsfall erkundigt man sich im nahe gelegenen Mont Lubin oder man erklimmt den nicht allzu steilen Hang an einem beliebigen Ort. Und die Anstrengung lohnt sich: Die Aussicht über die Insel und die sie umgebende Lagune, deren riesige Ausmaße man erst von dieser Höhe aus sehen kann, ist spektakulär.

59 St. Gabriel ★ [cf]

Die **St.-Gabriel-Kathedrale** ist die größte Kirche der Insel Rodrigues. Sie wurde auf Betreiben des damaligen Pfarrers von der Bevölkerung in etwas mehr als drei Jahren gebaut und im Dezember 1939 eingeweiht. Aus Mangel an Transportmitteln schleppten freiwillige Arbeiter die Baumaterialien auf ihrem Rücken herbei! Die riesige Kirche, die gleich von zwei Türmen gekrönt wird, ist an den katholischen Feiertagen zum Bersten voll – ein eindrücklicher Beweis dafür, dass 97 % der Inselbevölkerung dem **katholischen Glauben** angehören.

> Die Kirche befindet sich an der Hauptstraße in der Ortschaft St. Gabriel, die sowohl von Mont Lubin als auch von Quatre Vents aus zu erreichen ist.

60 Jardin des 5 Sens ★★ [cf]

Hier werden Besucher über die fünf Sinne in die **Geheimnisse der Pflanzen** eingeführt. Schon wegen der vielen tropischen Blumen lohnt sich eine Besichtigung dieses schön angelegten Gartens, der neben blühenden Büschen auch zahlreiche Fruchtbäume enthält. Besucher können als Teil der Führung und je nach Saison Tees und Früchte wie Zitrone, Bitterorange, Pfefferminze oder Ayapana kosten. Die freundlichen und gut ausgebildeten Guides gehen geduldig und mit Fachkenntnis auf die Bedürfnisse und Fragen der Teilnehmer ein.

› Jardin des 5 Sens, Mont Bois Noir, Tel. 8315860, mehrmals täglich finden Führungen statt (ca. eine Stunde), Eintritt: 250 Rupien, Kinder 150 Rupien. Man kann die Besichtigung des Gartens auch gleich mit einem Mittagessen im Le Tropical (s. S. 70) verbinden.

61 Bigarade, Ort der Bienen ★★★ [ce]

Vor 1972 konnte man nur mit dem Schiff nach Rodrigues gelangen. Damals gab ein wohlmeinender Bekannter einer jungen und eifrigen Praktikantin, die für ein Projekt als Entwicklungshelferin auf die Insel fuhr, ein Paket mit. Nachdem sie dieses in ihre Kabine gestellt hatte, drangen seltsame Geräusche daraus hervor. Es stellte sich heraus, dass **Marie-Claude Donzé** die Schiffsreise zusammen mit einem Bienenstock unternehmen würde – ausgerechnet sie, die Angst vor Insekten hatte!

Jahre später war Marie-Claude wieder in Rodrigues und traf beim Aufbau der Behindertenkooperative CareCo (s. S. 70) erneut auf Bienen. Und diesmal blieb die Franko-Mauritierin im süßen Umfeld „kleben": Sie emigrierte mit ihrer Familie auf die Mini-Insel. Im Jahr 2005 machte sie sich mit ihrer Firma **Le Miel Victoria** selbstständig und begann, neben Honig auch Bonbons und Hautpflegeprodukte zu entwickeln.

Die Bienen der Familie Donzé leben in einer **idyllischen Naturlandschaft** an einem Ort namens Bigarade. Das Sträßchen, das bei der hölzernen Tafel von der Hauptstraße abzweigt und zur Fabrik führt, ist nichts für Fahrer mit schwachen Nerven.

› Tel. 58764695 oder 8316458, geöffnet: Mo–Fr 9–15 Uhr. Die Besichtigung der Produktionsstätten und der Direktkauf der Spezialitäten bei der charmanten und sehr interessanten Madame Donzé sowie das Testen ihrer Produkte sind ein spezielles Erlebnis.

62 Anse Mourouk ★★ [df]

Am äußersten Ende der Straße, die vom Flughafen über Petite Butte und Port Sud-Est führt, liegt Mourouk. Hier, in der gleichnamigen **Bucht**, findet alljährlich im Juni das von ein paar Enthusiasten ins Leben gerufene **Rodrigues International Kitesurf Festival** statt. Wenn dann Champions wie Charlotte Consorti oder Jeremy Eloy durch die Lagune fegen, steht die Insel Kopf. Die Inhaber aller Kitesurf-Schulen haben sich zusammengetan, um dieses Event auf die Beine zu stellen. Der Name Rodrigues hat sich seitdem im Veranstaltungskalender von Kitesurfern weltweit einen festen Platz erobert.

› www.rodrigueskite.com
› Kitesurfen lernen kann man auf Rodrigues bei: Tryst Kiteboarding School, www.trystkiteboarding.com, Tel. 58758457 oder Club Osmosis, www.kitesurf-rodrigues.com, Tel. 58754961.

🜰 Caverne Patate ★★ [bf]

Zwischen La Ferme und Petite Butte führt eine schmale, gut ausgeschilderte Straße zur Höhle von Patate. Bevor man die Treppe hinabsteigt, um das Reich der **Tropfsteine** zu entdecken, sollte man daran denken, dass es in der Inselunterwelt kühl und rutschig ist. Gute Schuhe und ein Pulli zum Überziehen sind auf dieser Expedition nützlich. Der Guide tut sein Bestes, um den Besuchern die Schönheiten der Höhle näherzubringen, aber seit der François-Leguat-Schildkrötenpark 🜴 seine Tore geöffnet hat, ist Caverne Patate nicht mehr die Hauptsehenswürdigkeit in dieser Gegend.

› Führungen (ca. 50 Min.) ab 9 Uhr alle 2 Std., letzte Führung 15 Uhr, Eintritt: 100 Rupien. Nach starken Regenfällen stehen die Höhlen unter Wasser und können nicht besichtigt werden. Deshalb lohnt es sich, vorher anzurufen: Tel. 8321062.

🜴 François-Leguat-Schildkrötenpark ★★ [bf]

Hier tummeln sich mehr als zweitausend **Radiata- und Aldabra-Schildkröten** von den Seychellen und aus Madagaskar, welche die ausgestorbenen endemischen Arten ersetzen sollen. Der Park wird von den Betreibern des La Vanille Crocodile Park (s. S. 39) auf Mauritius gemanagt und bietet auch den **Rodrigues-Flughunden** ein Heim. Es wird eine intensive Wiederaufforstung nur hier vorkommender Pflanzen betrieben, um die Umgebung wieder so auferstehen zu lassen, wie sie vor 300 Jahren war.

› Tel. 8328141, www.tortoisescave reserve-rodrigues.com, geöffnet: 9–17 Uhr, Touren stündlich ab 9.30 Uhr, Eintritt: 285 Rupien, Kinder 140 Rupien. Der Rundgang dauert etwa anderthalb Stunden und umfasst auch eine Höhlenbesichtigung. Der Park liegt direkt neben dem Flughafen und ist wohl die am besten ausgeschilderte Sehenswürdigkeit der Insel.

Die Ile aux Cocos 🜵 bietet seltene Flora und Fauna sowie Traumstrände

🅖 Ile aux Cocos und Ile aux Sables ★★★ [ae]

Etwa 1½ Stunden mit dem Boot von Rodrigues entfernt liegt die idyllische **Ile aux Cocos**. Hier leben faszinierende und rare Seevögel sowie scheue endemische Echsenarten. Aber nicht nur die Tropenvögel, sondern auch die unberührten Strände und die Fahrt durch die traumhafte Lagune machen diesen Besuch zu einem einzigartigen Erlebnis. Da das Meer vor der Insel sehr seicht ist, kann es besonders im Winter vorkommen, dass Bootspassagiere eine kurze Strecke im Wasser waten müssen, um an den Strand zu gelangen. Badeschuhe oder Flip-Flops sind dabei hilfreich.

Kein Problem hat man diesbezüglich mit der **Ile aux Sables**. Diese ist ausschließlich den seltenen Vogelarten wie Weiße Seeschwalbe, Fregattvogel und Strandläufer vorbehalten, die auf ihr nisten, und die man nur vom Boot aus beobachten darf.

› Bootstouren werden von allen Reisebüros und Hotels aus organisiert, und auch von Rodrigues Eco Ballade (s. S. 70)

Unterkünfte

Das Fremdenverkehrsbüro der Insel Rodrigues bietet eine Liste aller Unterkünfte, die man auf folgender Website anfordern kann: www.tourism-rodrigues.mu.

› **Auberge Anse aux Anglais** $$ <117> Tel. 8312179. Zimmer und Bungalows mit oder ohne Klimaanlage.

› **Bakwa Lodge** $$-$$$ <118> Bakwa Lodge, Var Brulé, Port Sud-Est, Tel. 8320300, www.bakwalodge.com. Die acht Lodges liegen direkt oberhalb des weißen Sandstrands zwischen Mourouk und Gravier in einem winzigen Weiler namens Var Brulé. Sie fügen sich so harmonisch ins Landschaftsbild ein, dass man sie vom Strand aus nicht sieht. Die Zimmer sind einfach, aber stilvoll eingerichtet, mit allem Komfort und witzigen Duschen unter freiem Himmel. Ein Gebäude ist als Familien-Lodge konzipiert worden.

› **Domaine St. François** $-$$ <119> Tel. 8318752, www.auberge-rodrigues.com. Am Traumstrand von St. François bietet die Domaine nicht nur verschiedenste Arten der Unterkunft, sondern einen sehr guten und persönlichen Service. Um gut zu essen, muss man nicht extra ausgehen: Die Köchin kocht fantastisch! Sehenswürdigkeiten wie Anse Bouteille und Trou d'Argent erreicht man bequem auf dem Wanderweg entlang der Küste, der gleich hinter dem Hotel beginnt.

› **Gite Patriko** $ <121> Tel. 58752575. Zwischen den beiden schönsten erschlossenen Stränden der Insel, Cotton Bay und St. François, liegt dieses moderne Doppelferienhaus auf einem Hügel über dem Meer. Es ist mit allem Komfort eingerichtet und ermöglicht Besuchern mit Mietwagen ein unabhängiges Inselerlebnis.

› **Guesthouse Kafemarron** $ <122> Pointe Coton, Tel. 59045095, www.kafemarron.com. Im nordöstlichen Eck der Insel liegt dieses frisch renovierte und liebevoll eingerichtete Wohnhaus, in dem Dorothy Zimmer an Gäste vermietet. Natürlich ist der Strand gleich in der Nähe.

› **Hotel Cotton Bay** $$-$$$ <123> Tel. 8318001, www.cottonbayresortandspa.com. Das erste Hotel mit europäischem Standard ist das an der gleichnamigen Bucht im Nordosten gelegene Cotton Bay, welches auch heute noch existiert und eines der besten Restaurants der Insel beherbergt. Mit eigener Tauchschule, zahlreichen Freizeitmöglichkeiten, Pool und Bar.

› **Hotel Mourouk Ebony** $$ <124> Paté Reynieux Mourouk, www.mouroukebonyhotel.com, Tel. 8323351. An einem Hang gelegen mit wunderbarer Aussicht über die Bucht und die Lagune, bietet dieses Hotel eine charmante Mischung zwischen purer Inselgastfreundschaft und Luxus. Das Mourouk Ebony verfügt über eine eigene Tauchschule, eine Piroge für Ausfahrten in die Lagune und einen Pool. Am Samstag spielt jeweils die lokale Musikgruppe zum Sega Tambour auf.

› **Lagon Sud** $^{\$-\$\$}$ <125> Lagon Sud, Gravier, Tel. 57322090, www.lagonsud-rodrigues.com. In der kleinen Ortschaft Gravier und nur von einem Sandweg vom Strand getrennt, liegt Lagon Sud in einem exotischen Garten. Dieses Minihotel besteht aus vier sehr schönen und modernen Zimmern mit allem Komfort und Terrasse mit Meersicht. Daran angeschlossen ist ein uriger Schuppen mit Veranda, in dem sich das Restaurant befindet. Die Köchin kocht nach Wunsch der Gäste.

› **Ti Pavillon** $^{\$}$ <126> Ti Pavillon, Anse aux Anglais, Tel. 4271060, www.tipavillon.com. Farbenfrohes Gästehaus im einzigen touristischen Dorf von Rodrigues. 100 Meter vom Strand und 10 Minuten zu Fuß von Port Mathurin entfernt bietet es Zimmer und Studios mit Bergsicht. Warme Gastfreundschaft ist im Preis inbegriffen – wie überall auf Rodrigues.

Essen und Trinken

In Rodrigues ist das System des **Table d'Hôte** authentischer als in Mauritius: Ausgesuchte „Gastgeberfamilien" verpflegen Inselbesucher als zahlende Gäste bei sich zu Hause im Wohnzimmer. Schilder am Straßenrand kündigen solche Orte an.

Es ist ein tolles Erlebnis, wenn man sich auf eine Mahlzeit bei lokalen Gastgebern einlässt, denn man wird sehr verwöhnt. Man sollte aber gehörig Kohldampf mitbringen, denn man muss von allen Köstlichkeiten, die aufgetischt werden, doch wenigstens probieren. Speisekarten gibt es nicht unbedingt, aber bei der Anmeldung kann der Gast auch gleich seine kulinarischen oder vegetarischen Vorlieben kundtun. Einige Anbieter haben aufgerüstet und eine Gaststube ans Haus angebaut.

› **Auberge de la Montagne** $^{\$\$}$ <127> Route Royale, Grande Montagne, Tel. 8314607. Die berühmteste Gastgeberin auf Rodrigues ist wohl Françoise Baptiste, die Haute Cuisine mit kreolischer Küche kombiniert. Das fantastische Ergebnis kann man hier probieren. Wer Französisch spricht, kann auch an einem Kochkurs der bekannten Dame teilnehmen oder wenigstens ihr Buch „La Cuisine de Rodrigues" kaufen.

› **La Belle Rodriguaise** <128> Route Côtière, Gravier, Tel. 8314607. Dies ist das zweite Lokal von Françoise

▽ *Luftgetrockneter Tintenfisch: eine Spezialität der Insel Rodrigues*

> **EXTRAINFO**
>
> **Muscheln**
> Die Autorin rät vom Genuss der angepriesenen „Conocono"-Muschelgerichte ab, denn durch die große Nachfrage (die Muschel soll aphrodisisch wirken) ist der Bestand bereits gefährdet.

Baptiste. Da es am Meer liegt, sind hier auch Passanten und Dorfbewohner zu Gast. Deshalb geht es etwas lebhafter zu als am stillen Berg.

› **Le Tropical** <129> Mont Bois Noir, Tel. 8315860. In der kleinen Ortschaft Mont Bois Noir kocht Jeannette auf dem Holzofen. Die Aussicht ist wunderbar und wem es gefällt, der kann gleich bleiben, denn Jeannette vermietet auch Zimmer.

› **Restaurant im Hotel Cotton Bay** $$$ (s. S. 68), Tel. 8318001, geöffnet: mittags und abends, auswärtige Gäste sollten reservieren. Im von Vielen als das beste Restaurant von Rodrigues bezeichneten Lokal genießen Gäste die traditionelle Inselküche in allen Variationen. Frisches Gemüse, Fisch, aber auch Würste werden von ausgesuchten Lieferanten direkt ans Hotel geliefert.

Einkaufen

Auf Rodrigues gibt es unzählige **Handwerks- und Kleinbetriebe**. Inselbesucher werden am Straßenrand handgeschriebene oder geschnitzte Schilder entdecken, die auf Läden und Werkstätten aufmerksam machen. Man freut sich stets über Kundschaft und einen kleinen Schwatz. Wer Französisch oder Kreolisch spricht (oder es ernsthaft versucht), wird bestimmt gut ankommen. In Rodrigues läuft alles über Kommunikation. Man kommt auf diesem Weg nicht nur zu spannenden Begegnungen, sondern auch zu schönen Souvenirs. Mi und Sa von 4.30 Uhr bis nachmittags treffen sich die Hersteller jeweils zum **Markt in Port Mathurin** ㊷.

› **CareCo** <130> Rue de la Solidarité/Rue Johnston gegenüber der Post, Port Mathurin, geöffnet: Mo–Fr 8–16 Uhr, Sa 8–12 Uhr. Wer den Markt verpasst, kann das Versäumte im CareCo-Laden oder direkt bei den Herstellern nachholen: Die Schilder der überall auf der Insel angesiedelten Kleinbetriebe beachten!

Nachtleben

In Rodrigues geht man mit den Hühnern schlafen und steht am Morgen mit den ersten Sonnenstrahlen auf. Das **Nachtleben** spielt sich in den Hotels ab oder bei den „Fancy Fairs", welche ein- bis zweimal im Monat irgendwo auf der Insel stattfinden (Plakate beachten). Dort wird zur Sega Tambour (s. S. 40) aufgespielt. Die Hotels Mourouk Ebony und Cotton Bay (s. S. 68) bieten Unterhaltung mit Musik. Im Restaurant Aux Deux Frères spielen ab und zu einheimische Bands.

› **Aux Deux Frères** <133> Place François Leguat, Port Mathurin, Tel. 8310541.

Abenteuer

› **Rodrigues Eco Ballade**, Kiosk Alfred Northcoombes, Port Mathurin, www.rodrigues-ecoballade.com, Tel. 57876096. Ob ein Besuch bei den Fliegenden Hunden, eine rasante Abfahrt an den Ziplines, Honig testen oder eine Wanderung entlang der wilden Küstenlandschaft, Eco Ballade bringt Sie hin! Marie Paule kennt ihre Insel und stellt Touren nach Interesse der Teilnehmer zusammen. Wer Rodrigues kennenlernen möchte, kann dies zusammen mit dieser erfahrenen Reiseleiterin tun, die ihre Liebe zur Natur sehr gut zu vermitteln weiß.

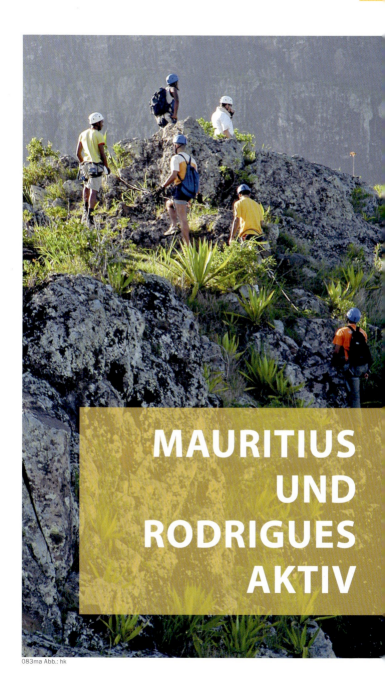

MAURITIUS UND RODRIGUES AKTIV

Baden

Von einem Riff fast gänzlich umgeben und deshalb von der Natur großzügig mit türkisfarbenen Lagunen und flach abfallenden Sandstränden ausgestattet, ist Mauritius ein **Badeparadies**. Die längsten **Strände** befinden sich an der Ost- und Westküste, während der Norden mit romantischen sandigen Buchten lockt. Im wilden Süden machen jedoch schwarze Basaltklippen und starke Strömungen vielerorts Badefreuden unmöglich.

Alle **vorgelagerten Inseln** haben weiße Sandstrände, die schönsten jedoch befinden sich auf der Ile aux Cerfs ⓲, der Ilot Benitiers und der Ilot Gabriel (s. S. 20).

In **Rodrigues** ziehen sich die besten Strände rund um den Osten der Insel, und zwar von der Anse aux Anglais ㊳ im Nordwesten bis zum Strand des Hotels Mourouk. Auch hier herrschen dank der riesigen Lagune ideale Bedingungen zum Baden.

Wanderfreudige Inselbesucher finden zahlreiche **abgelegene und „wilde" Strände**. Als schönste gelten die Strände von Anse Femy, welcher gleich hinter St. François zu finden ist, Anse Bouteille, Trou d'Argent und Ile aux Cocos ㊿.

> **EXTRATIPP**
>
> **Achtung!**
> Es gilt, sich vor den allgegenwärtigen **Seeigeln** und den noch viel unangenehmeren **Steinfischen** in Acht zu nehmen. Das Tragen von Badeschuhen ist empfehlenswert.
> Um die **Halbinsel Le Morne** muss man zudem beim Baden aufpassen und darf sich nicht zu weit hinaus wagen. Auch erfahrene Schwimmer sind schon abgetrieben.

Wassersport

Schnorcheln und Tauchen

Ideale Bedingungen zum **Schnorcheln** findet man auf beiden Inseln überall dort, wo man baden kann, und natürlich in den **Schutzgebieten** von Blue Bay ㉗ und Balaclava (der Strand gehört zum Hotel Intercontinental Balaclava, s. S. 23). Schon ein paar Meter vom Strand schwimmen einem Kofferfische, Falterfische und Lippfische um die Füße und weiter draußen kommen farbige Korallen dazu.

Tauchen in Mauritius ist ein Erlebnis und die meisten Touristen werden früher oder später eine Exkursi-

◁ *Vorseite: Klettern auf Mauritius ist anspruchsvoll und bedarf einer guten Ausrüstung*

▽ *Auf Mauritius kann man an Traumstränden baden*

Wassersport 73

on in die türkisfarbene Tiefe wagen. Tauchschulen mit PADI oder CMAS Brevet sind allen größeren Hotels auf Mauritius angeschlossen. Die folgenden Tauchschulen haben sich in den letzten Jahren durch vorbildliches Verhalten und aktiven Naturschutz hervorgetan:

› **Coral Dive Centre** <132> Hotel Preskil, Coastal Road, Pointe Jerôme, Tel. 6041983, www.coraldiving.com. Im Hotel Preskil beheimatet, bietet die Tauchschule Nacht-, Canyon-, Wrack- und Höhlentauchen inner- und außerhalb der Lagune, aber auch Tauchkurse für alle Altersstufen an.

› **Easydive** <133> Tel. 52525074, www.easydivemauritius.com. Easydive ist in den Hotels Lux Le Morne und St. Régis Le Morne auf der Halbinsel Le Morne sowie in den Hotels Le Méridien und West Inn in der Ortschaft Pointe aux Piments im Norden vertreten.

Tauchhotspots im Osten

Passe Du Puy vor Belle Mare/Palmar ist wegen der Strömung nur für erfahrene Taucher mit Minimum PADI Advanced oder Open Water geeignet. Die besten Bedingungen findet man von Oktober bis Dezember und von Februar bis April, zur Gebärzeit der hier lebenden Adlerrochen. Weiß- und Schwarzspitzenhaie, Barrakudas, Königsmakrelen und bis zu 18 Meter lange Marline wurden hier schon gesichtet. Auch die grüne Meerschildkröte kommt hier vor. Im Kanal sind wegen der starken Strömung keine lebenden Korallen, die abgebrochen werden könnten, dies gilt auch im Kanal Passe St. Jacques, also ist es okay, sich mit Handschuhen festzuhalten.

› **Passe du Puits** <134> Sicht 5 bis 15 m, Site liegt nur zwei Minuten vor dem Strand von Belle Mare und 10 Minuten vor Palmar. Besonderheit: Im Mai und Juni ist die Site wegen der Wellen und Wetterverhältnisse nicht zum Tauchen geeignet!

Tauchhotspots im Westen

Die Anfängertauchsite heißt **Aquarium** und ist für alle Tauch-Levels offen und Heim von sehr vielen Riffspezies. Das Aquarium ist auch ein sehr guter Ort, um erste Kenntnisse der

Die Gewässer um Mauritius sind auch Heimat von Delfinen (s. S. 52)

Wassersport

Unterwasserfotografie zu erlernen und wird als solcher rege genutzt.

In der Hochsaison treten sich hier die Tauchenthusiasten gegenseitig auf die Flossen, aber in der Zwischensaison oder zu den Randzeiten kann man immer noch die schönsten Taucherlebnisse haben.

› **Aquarium** <135> Die Site liegt nur 20 m vor dem Strand von Flic en Flac 46.

Tug 2 ist ein 16 Meter langer Schleppkahn, der vor der Steilküste von Medine, gleich neben Flic en Flac 46, in 18 Metern Tiefe versenkt wurde. Neben Rotfeuer- und Skorpionfischen ist hier die ganze Palette der farbenprächtigen Rifffische vertreten, daneben zahlreiche Schneckenarten, Muränen etc. Da das Wrack mittlerweile halb vom Sand geschluckt wurde, muss man gute Augen oder gute Ortskenntnisse haben, um es zu finden.

› **Tug 2.** <136> Die Site ist in 25 Minuten von Flic en Flac aus erreichbar.

Der Kanal **Passe St. Jacques** ist nur für fortgeschrittene Taucher geeignet. Man kann hier fast ganzjährig tauchen, aber es gibt eine andauernde und starke Strömung. Die Tiefe beträgt 22/23 Meter. Hier leben etwa 12 bis 15 Bullenhaie, Stachelrochen, Barrakudas, Seeanemonen und Clownfische sowie grüne Meeresschildkröten. Im Dezember und Januar ist die beste Zeit, um Haie zu beobachten.

› **Passe St. Jacques** <137> Sicht 5–15 m. Die Tauchsite kann vom Strand von Le Morne aus in 10 Minuten erreicht werden.

Tauchhotspots im Süden

Im Süden der Insel Mauritius ist das Tauchen wegen der steil abfallenden Klippen und starken Strömungen **gefährlich**.

Für fortgeschrittene oder Open-Water-Taucher ist die 28 Meter tief abfallende Steilwand **Colorado** mit Korallenhöhlen zum Durchschwimmen ein Erlebnis. Die Korallen sind sehr schön und die Sicht ist mit 12 bis 25 Metern ausgezeichnet. Hier wohnen zahlreiche überraschend große grüne Meeresschildkröten und manchmal schwimmt einem auch eine Schnappschildkröte über den Weg. Auch Königsmakrelen und blaugestreifte Seebarsche sind hier oft zu sehen.

› **Colorado** <138> 15 bis 20 Minuten von Blue Bay 27 entfernt

Türkisfarbene Lagunen und kristallklares Wasser laden dazu ein, die Unterwasserwelt zu erkunden

Wassersport

Tauchhotspots im Norden

Rund um die Insel **Coin de Mire** (s. S. 20) existieren vier Tauchsites. Die bekannteste von allen ist die vor der mittleren Bucht gelegene **Confetti Bay**. Dies ist die am leichtesten zugängliche Site und mit Open-Water-Level kann man hier ein großartiges Naturerlebnis genießen. Die Liste der Fischarten, die man hier nicht sieht, würde bestimmt sehr kurz ausfallen. Die Korallen sind extrem schön und die Artenvielfalt ist hoch, mit weichen und harten Spezies. Skorpionfisch, Stachelrochen und Oktopus sind die Hauptattraktionen, aber natürlich kommen auch alle anderen Fische in großer Vielfalt vor.

› **Confetti Bay** <139> In 4 bis 22 m Tiefe beträgt die Sicht das ganze Jahr über satte 40 Meter! Die Tauchsite kann in 15 Min. von Calodyne aus erreicht werden.

Die vor dem gleichnamigen Strand im Nordwesten von Mauritius gelegene **Trou aux Biches** ist die beste, aber auch beliebteste Anfänger-Site und daher oft proppenvoll! Die Stelle ist flach, hat eine Sicht von gut 20 Metern und ein schönes, farbiges Riff mit allen tropischen Fischarten wie aus dem Lehrbuch. Leider sind deshalb auch meist zahlreiche Fischer vor Ort.

› **Trou aux Biches** <140>

Banc Rouge vor Round Island eignet sich für erfahrene Taucher mit guter Konstitution. Die Site liegt im Norden zwischen den vorgelagerten Inseln. Hier führen steile Felszinnen in bis zu 35 Meter Tiefe. Dieser Steilabfall ist wirklich eine Attraktion. Die Sicht beträgt 30 Meter. Haie, Schildkröten, Rochen und je nach Saison auch mal ein Buckelwal können hier gesichtet werden. Die Korallen sind von einer Leuchtkraft und Farbenpracht, die man selten sieht. Allerdings muss man sich vor starken Strömungen in Acht nehmen, die einen richtiggehend von der etwa 100 m breiten Wand der Felszinne reißen können.

› **Banc Rouge** <141> Zu den vorgelagerten Inseln kommt man mit dem Boot von Grand Bay oder Cap Malheureux aus in etwa zwei Stunden.

Tauchen in Rodrigues

Ein Tauchgang in Rodrigues ist ein **Abenteuer der Extraklasse**. Die Insel befindet sich in isolierter Lage auf einem der größten Unterwasser-Plateaus des Indischen Ozeans, welches im Laufe der Zeit und von der Gewalt der Gezeiten mit Kanälen durchzogen wurde und teilweise ausgehöhlt ist wie ein Schweizer Käse. Spektakuläre Tauchgänge sind hier die Regel. Fische, Schildkröten und Meeresschnecken sind so zahlreich vorhanden, dass man manchmal sogar nicht mehr weiß, wo man zuerst hingucken soll!

Im Gegensatz zu Mauritius, wo die Tauchverhältnisse fast rund ums Jahr gut sind, ist die beste Zeit zum Tauchen in Rodrigues **zwischen Oktober und Januar**. Dann beträgt die Wassertemperatur 28 bis 30 Grad, die Sichtverhältnisse sind optimal und die See ist ruhig.

Die **Tauchschulen** auf Rodrigues sind alle an der nördlichen und östlichen Küste angesiedelt:

› **Bouba Tauchcenter** <142> im Mourouk Ebony Hotel, Mourouk, Tel. 58750573, www.boubadiving.com
› **Cotton Dive Center**, Tauchschule im Hotel Cotton Bay (s. S. 68), Tel. 570 61474, www.cottondivecenter.com
› **Rodriguez Diving** <143> im Hotel Cocotiers, Anse aux Anglais, Tauchschule in Terre Rouge, Tel. 8310957 und 58755217, www.rodriguez-diving.com

Wellenreiten

Die Legende lebt: **Tamarin** ④④ hat nicht weniger als drei Surfspots vorzuweisen. Auch vor der **Ile des Deux Cocos** in der Blue Bay ㉗ sind die Wellen sensationell, man kann sich von den Touristenbooten und den Fischern am Strand für ein paar Euro übersetzen lassen. Weitere legendäre Surfspots sind **One Eye** vor Le Morne und die **Ilot Sancho** im Süden – die Mini-Insel, auf der manchmal rauschende Partys steigen, kann man bei Ebbe trockenen Fußes erreichen.

Rivière des Galets ist ein weiterer Surfspot im Süden, wegen des steinigen Grundes ist es jedoch riskant, in der Bucht zu surfen, und für Anfänger ist dieser Ort schon gar nicht geeignet. An manchen schönen Stränden sind **Seeigel** ein großes Problem, besonders aber vor La Cambuse.

In den letzten Jahren kam es bedauernswerterweise zu **Auseinandersetzungen** mit den sogenannten „White Shorts", einer Gruppe von einheimischen Surfern, die die seltsame Idee hat, dass fremde Surfer kein Recht darauf haben, an den Insider-Spots zu surfen. Am besten diskret auf Abstand gehen und sich an nette einheimische Surfer halten, wie die Betreiber der Surfschule des Hotels Tamarin, die nicht nur Anfänger und Fortgeschrittene unterrichten, sondern auch gute Tipps und Ratschläge haben und Surf-Exkursionen mit dem eigenen Boot durchführen:

› **Tamarin Bay Surf School,** im Hotel Tamarin (s. S. 54), Tel. 52575050.

Wind- und Kitesurfen

Wind- und Kitesurf-Saison ist von März bis November, obwohl man im windreichen Südwesten und Norden von Mauritius eigentlich das ganze Jahr hindurch surfen kann. Die besten Bedingungen findet man im Südosten bei **Pointe d'Esny**, im Norden bei **Cap Malheureux**, im Südwesten auf der Halbinsel **Le Morne** und in **Rodrigues** vor dem Hotel Mourouk Ebony (s. S. 68), da wo auch das jährliche Kitesurf-Festival stattfindet.

◁ *Kitesurfer finden auf Mauritius und Rodrigues ideale Verhältnisse*

▷ *Ausflüge mit dem Katamaran führen zu den vorgelagerten Inseln*

Wassersport

Die meisten größeren Hotels auf Mauritius und Rodrigues haben eigene Wassersportzentren, bieten Kurse und Lektionen an und vermieten Ausrüstung.

> **ION Club** <144> Le Morne, Tel. 4504112, www.ion-club.net/de/destinations/home/9/genInfo. Die Surfschule befindet sich hinter dem Hotel RIU.

Segeln und Bootsausflüge

Die meisten **Hotels** bieten Laser-Segelboote, Kajaks und SUP (Stand Up Paddling) gegen eine Gebühr oder sogar gratis, die Leistungen findet man auf den Hotelwebsites. Im **Azuri-Jachtklub** im Norden oder dem **C-Beach Club** im Süden kann man gegen eine Tagesgebühr die Infrastruktur mit Restaurant und Pool, den Strand sowie auch Lasersegelboote und Kajaks benutzen.

Der Cat Cruiser ist das erste **elektrisch betriebene Passagierboot** im Indischen Ozean. Er bringt seine Passagiere ganz ohne Motorenlärm durch die türkisfarbene Lagune zu der Vergnügungsinsel Ile aux Cerfs ⑱. Anlegeplatz ist die Mole von Pointe d'Esny.

Wer spontan eine Bootstour unternehmen will, fragt am besten direkt am nächstgelegenen Strand. In Pointe d'Esny z. B. bietet Sebastien Tagesausflüge oder kurze Rundfahrten mit dem Motor- oder Segelboot durch die Lagune an (Tel. 57239692).

> **Azuri-Club** <145> Haute Rive, Tel. 54483951 www.azuri.mu

> **C-Beach Club** <146> Route Royale, Bel Ombre, Tel. 6055400

> **Anlegeplatz Cat Cruiser** <147> Hotel Preskil, Coastal Road, Pointe Jerôme, Tel. 54902930. Reservierungen nimmt Dany per Telefon entgegen. Gäste des Hotels Preskil können direkt aufs Boot.

Unterwasserspaziergänge und U-Boot-Trips

> **Blue Safari Submarine** <148> beim Restaurant Le Pescatore, Coastal Road, Trou aux Biches, Tel. 2657272, www.blue-safari.com, Tauchfahrten ab 6900 Rupien. Wer die Unterwasserwelt ganz ohne Stress und trocken bei einem Glas Champagner erkunden oder sich gleich das Jawort auf dem Meeresboden geben will, ist bei Blue Safari am richtigen Ort.

Wandern

Die folgenden Wanderungen sind mit **grünen Linien** im Inselplan eingezeichnet.

Wanderung 1: im Nationalpark Black River Gorges

Kategorie: mittelschwer, mittlere Kondition; **Höhenprofil:** ca. 120 Höhenmeter; **Dauer:** ca. 4 Std.; **Start [D10]:** Man parkt das Auto beim Markierstein „Le Petrin" an der Kreuzung der Straßen von Chamarel, Curepipe und Grand Bassin.

› **Solar Undersea Walk** <149> Coastal Road, gegenüber der Banana Beach Bar, Grand Bay. Tel. 2637819, www.solarunderseawalk.com. In Grand Bay kann man wie Captain Nemo mit einem Helm auf dem Kopf und über einen Schlauch mit Sauerstoff versorgt über den Meeresboden spazieren. So bietet sich auch Nichtschwimmern und Kindern hier die Gelegenheit, den Meeresgrund und seine Bewohner direkt und ohne Flossen kennenzulernen.

Der Weg ist breit und kann auch von einem Allradfahrzeug befahren werden. Er führt leicht abfallend und im Schatten von Bäumen und Gebüsch geradeaus an einer Plantage mit endemischen Spezies der **Mauritian Wildlife Foundation** entlang. Dann zweigen einige Pfade ab, denen man jedoch nicht folgt. Auf dem Hauptweg gelangt man nach etwa einer halben

Kajak fahren

Ganz still durch die Mangrovenwälder gleiten, der aufgehenden Sonne entgegenpaddeln oder auf unberührtem Sandstrand eine Rast mit Badepause einlegen: Ausflüge mit dem Kajak durch die schönsten Meerlandschaften, aber auch Instruktionen und Ausbildung bietet Yemaya Adventures.
› **Yemaya Adventures,** Grand Gaube, www.yemayaadventures.com, Tel. 57520046

◿ *Je nach Jahreszeit und Wasserstand sind die Flüsse mit dem Kajak befahrbar*

Stunde an eine Weggabelung. Man folgt der Markierung „Mare Longue". Einige Minuten später, an der zweiten Weggabelung, geht man links in Richtung **Mare-aux-Songes**.

Der Weg führt abwärts und nach einiger Zeit gelangt man an ein verschlossenes Tor. Hier unterhält die Mauritian Wildlife Foundation eine weitere Anpflanzung mit einheimischen Spezies. Rechts ist ein breiter Weg, der schon nach 10 Min. zum **Stausee Mare Longue** führt, dessen Wasserstand variieren kann.

Er wird von mehreren Flüsschen gespeist, die rotes Gestein mitführen und der Landschaft eine eigenartige Prägung geben. Hier ist ein gutes Plätzchen, um eine Rast einzulegen, bevor man den Stausee und seine interessante Umgebung weiter erkundet oder den Rückweg antritt.

◁ *Flora und Fauna von Mauritius ziehen Wanderer in ihren Bann*

▽ *Die Nationalblume Trochetia*

Wanderung 2: auf den höchsten Berg von Mauritius

Durch Guaven-Büsche, die im März und April mit Früchten beladen sind, geht es auf dem **Kamm** leicht und stetig nach oben. Nach 45 Minuten erreicht man einen **Aussichtspunkt**, von dem aus man einen schönen Ausblick auf das Dorf Chamarel, den Berg Le Morne und die Südküste hat. Anschließend führt die Strecke dem Kamm folgend und mit traumhafter Aussicht über den Nationalpark und die Schlucht des Black River bis zur Südküste.

Kategorie: mittelschwer bis schwer; **Höhenprofil:** ca. 200 Höhenmeter; **Dauer:** ca. 4 Std. bei mittlerer Kondition. **Start** [C10]: Die Wanderung beginnt am Markierungsstein „Pic Rivière Noire", der sich etwa 100 Meter in Richtung Chamarel von der Touristenattraktion „Gorges View Point", dem Aussichtspunkt über die Schlucht des Black River im Nationalpark, befindet.

Das letzte Stück ist das steilste und **bei glitschigem Terrain ist der Aufstieg riskant**. Wer es geschafft hat und auf dem Gipfel steht, wird belohnt! Hier, auf 828 Metern, steht man auf dem **höchsten Punkt von Mauritius** oberhalb der Baumgrenze und genießt nicht nur eine atemberaubende Aussicht über die Insel und die Lagune, sondern sieht an klaren Tagen sogar die Nachbarinsel La Réunion aus dem tiefblauen Ozean aufragen. Der Abstieg gestaltet sich auf dem ersten steilen Stück wiederum etwas riskant und die Rückkehr dauert etwa gleich lang wie der Aufstieg.

Wanderung 3: die wilde Südküste von Mauritius

Ein breiter Weg führt nach rechts der Küste entlang. Bald wird er jedoch schmaler und schon nach wenigen Hundert Metern hat er sich in einen Wanderweg verwandelt. Am Anfang folgt die Route der Küste, biegt dann nach etwa 20 Minuten Marsch aber plötzlich in Richtung der **Zuckerrohrfelder** ab und führt **landeinwärts** um einen privaten Fischteich herum. Dann nähert er sich wieder dem Meer und schon bald sieht man den **Pont Naturel**, eine natürliche Brücke aus schwarzem Basalt: eine spektakuläre Laune der Natur. Das Meer ist an dieser Küste sehr wild und man sollte sich lieber nicht auf die „Naturbrücke" wagen, schon gar nicht bei starkem Wellengang. Der Weg führt weiter der Küste entlang bis zum **Trou du Souffleur**, dem „Blasloch", einer ein paar Meter breiten und durch einen unterirdischen Kanal mit dem Meer verbundenen Öffnung, durch die das Wasser bei starkem Wellengang in einer Fontäne herausschießt. Natürlich gilt es auch hier, vorsichtig zu sein und Abstand zu wahren. Vom Trou du Souffleur aus kann man sich mit einem Taxi abholen lassen (Handy nicht vergessen), um den Weg abzukürzen, andernfalls gilt es, die gleiche Route zurückzuwandern.

Kategorie: leicht; **Höhenprofil:** ca. 25 Höhenmeter; **Dauer:** ca. 3½ Std.; **Start [H11]:** Vom Flughafen aus führt die Straße meerwärts nach Le Bouchon, wo man am Strand leicht eine Parkmöglichkeit findet.

Wanderung 4: der Hausberg von Port Louis

> **Kategorie:** leicht, aber etwas steil; **Höhenprofil:** ca. 280 Höhenmeter; **Dauer:** 1½ Std.; **Start** [D5]: Der Weg beginnt am Rand von Port Louis, dort wo die Rue de Labourdonnais mit der Mgr. Leen St., die von der religiösen Stätte Marie Reine de La Paix die Bergflanke entlang verläuft, zusammentrifft. Aber anstatt rechts in Richtung Marie Reine de La Paix biegt man links auf die Signal Hill Road ab und folgt dieser bis zum Ende.

Dies ist eigentlich ein verlängerter Spaziergang auf den einst wichtigsten Hügel von Port Louis, den **Signal Hill**, von dem aus der ganze Hafenbetrieb delegiert wurde und auf dem auch heute noch Funkmasten und Satellitenanlagen aufgebaut sind. Der Signal Hill bietet eine spannende Sicht auf die Stadt und wer am Samstag hochsteigt, hat Liveunterhaltung durch die Pferderennen auf der nahe gelegenen Rennbahn **Champs de Mars** (s. S. 13): Die Kommentatoren und auch die Rufe der Zuschauer sind bis auf den Gipfel zu hören. Vom Gipfel aus blickt man über den Hafen und die Stadt, aber auch über die Westküste in ihrer ganzen Länge samt den nördlichen Inseln. Im Sommer ist diese Wanderung wegen des heißen Klimas sehr anstrengend und da nirgends Schatten spendende Bäume wachsen, ist es wichtig, auf jeden Fall genug Wasser mitzunehmen. Auch sollte man keinesfalls zur Mittagszeit unterwegs sein.

Wanderung 5: die schönsten Buchten von Rodrigues

Die Wanderung beginnt sehr angenehm auf einem breiten Weg in St. François und führt **entlang dem Meer** vorbei an Baie de l'Est über hügeliges und mit Büschen und einem Küstenwäldchen bewachsenes Gelände. Nach etwa 20 Minuten erreicht man die schöne, abgelegene Minibucht **Trou d'Argent**, wo man oft völlig allein die Aussicht genießen kann. Trep-

> **Kategorie:** leicht, für alle Fitnessgrade geeignet; **Höhenprofil:** ca. 30 Höhenmeter. Diese leichte, sehr angenehme Wanderstrecke führt entlang der Küste, also sind die Höhenunterschiede minimal. Ein Teil der Wanderstrecke besteht aus Treppen, die zu den Buchten hinabführen; **Dauer:** ca. 2 Std.; **Start** [df]: Strand von St. François.

◁ *Hier zeigt sich die wilde Küste untypisch zahm*

▷ *Auf Rodrigues geht man noch zu Fuß*

pen führen hinunter an den weißen Sandstrand. Nach einem erfrischenden Bad geht die Wanderung weiter und nach weiteren 40 Minuten erreicht man die kleine flaschenförmige Bucht **Anse Bouteille**. Ihr Wasser ist so blau und türkisfarben, wie man es sich in seinen wildesten Träumen nicht hätte vorstellen können. Von Anse Bouteille aus kommt man bequem in einer Stunde nach St. François zurück oder wandert etwa zwei Stunden weiter nach **Petit Gravier**, von wo aus man eine Busverbindung nach Port Mathurin 56 hat. **Achtung:** Man sollte sich unbedingt vorher erkundigen, wann der letzte Bus fährt und genug Wasser mitnehmen!

Weitere Aktivitäten

Angeln und Hochseefischen

Was einst der Broterwerb der Inselbevölkerung war, ist zu einem Riesengeschäft geworden. Angler aus aller Welt reisen an, um Jagd auf das schwimmende „Großwild" zu machen. Die Gewässer um **Trou D'Eau Douce** im Osten, **Black River** im Westen, **Grand Bay** im Norden sowie **Le Morne** und **Mahébourg** im Süden gelten als Zentren des Angelns und Hochseefischens. Black River ist besonders bekannt für die Jagd auf den **Blue Marlin**, die von September bis April stattfindet.

Canyoning, Trekking, Bergsteigen

„Grüne" Sportarten erfreuen sich in Mauritius und Rodrigues nicht nur unter Touristen großer Beliebtheit. Die Bevölkerung zieht nach und vor allem an den Wochenenden sind die Wälder und Küsten voller enthusiastischer Naturliebhaber, die einzeln oder in Gruppen ihrem Hobby frönen. **Vertical World** und **Otelair** (s. S. 51) bringen Interessierte sicher zu den besten und schönsten Sites.

▽ Auf Mauritius golft man vor atemberaubender Kulisse

067ma Abb.: hk

Weitere Aktivitäten

Golf

Diese Sportart hat in Mauritius eine lange Geschichte: Im Jahr 1847 fand das erste Spiel auf der Insel statt und im Jahr 1902 wurde ein 18-Loch-Platz im **Gymkhana Club in Vacoas** gebaut. Dieser erfreute sich auch nach Abzug der Briten größter Beliebtheit und genügte den Ansprüchen vollkommen, bis im Jahr 1970 das Luxushotel Le Saint Géran in Trou d'Eau Douce gebaut und mit dessen Eröffnung der weltbekannte Golfer Gary Player eingeladen wurde, den hoteleigenen Golfplatz zu gestalten. Er kam natürlich gerne auf die Paradiesinsel und so wurde es eine Tradition der in den nachfolgenden Jahren gebauten Hotels, ihren Golfplatz von einem berühmten Champion gestalten zu lassen. Heute sind alle Golfplätze außer dem Gymkhana an Hotels angeschlossen, akzeptieren jedoch bei Voranmeldung und gegen Green Fees auch auswärtige Gäste.

› **Gymkhana Club Vacoas** <150>
Suffolk Close, Vacoas, Tel. 6961404, www.mgc.mu

Radfahren und Mountainbiking

› **Yemaya Adventures** <151>
Tel. 57520046, www.yemayaadventures.com. Ein ehemaliger Rad-Champion hat sein Hobby zum Beruf gemacht und bietet Straßenradtouren und auch Mountainbiking in exotischer Umgebung.

Reiten

Träume vom Galopp am weißen Sandstrand, Expeditionen hoch zu Ross durch den grünen Dschungel oder gar Baden im Meer auf edlen Vollblütern oder stämmigen Burenpferden sind jetzt in greifbare Nähe gerückt: Reiten auf der Insel Mauritius ist eine wunderbare Freizeitbeschäftigung. Die meisten Pferde sind ehemalige Rennpferde, die sorgfältig umgeschult wurden, oder aber südafrikanische Allrounder, die ihre Rei-

Mountainbiking in den Hügeln von Chamarel 38

Weitere Aktivitäten

ter sicheren Fußes auf den schmalen Pfaden durch den Urwald tragen. Reitausflüge kann man direkt bei den Reitzentren buchen. Auf der Insel Rodrigues gibt es leider keine Pferde mehr.

› **Centre Equestre de Riambel** <152> Tel. 57294572, www.centreequestre deriambel.com. Hier genießen Anfänger und erfahrene Reiter den Ritt entlang einem unberührten Naturstrand und auch im warmen Wasser der Lagune. Die Pferde sind gut geschult und die Besitzer engagiert und tierlieb. Ein unvergessliches Erlebnis!

› **Club Equitation du Nord** <153> Schoenfeld Road, Mon Loisir, Tel. 2649741, www.equitationcenmauritius. com. Der Klub bietet Reiten und Tennis im Norden, jedoch nicht am Meer. Dafür gibt es hier auch Reitunterricht auf Pferden und Ponys, Springen und Dressur. Der Stall ist nicht unbedingt für Freizeitreiter geeignet, bietet aber die Gelegenheit, Reitlektionen zu guten Preisen zu besuchen.

› **Haras du Morne** <154> Route Royale, Le Morne, Telefon 4504142, www. harasdumorne.com. Anfänger und Fortgeschrittene finden auf der gleichnamigen Halbinsel eine gute Gelegenheit für einen Ritt am weißen Sandstrand. Die Reiter werden zuerst im Paddock auf Pferdekenntnisse geprüft, dann geht es ab in die Natur. Da der Stall mit den in der Gegend ansässigen Fünfsternehotels zusammenarbeitet, sind die Preise etwas höher angesetzt.

› **La Vieille Cheminée Chamarel** (s. S. 50). Pferdebegeisterte finden hier ihr kleines Paradies! Wer auf dem Rücken von südafrikanischen Burenpferden über grüne Hügel traben möchte, ist in diesem Reitstall, dem auch ein Bauernhof und eine Lodge angeschlossen sind, goldrichtig.

Spaß für Pferd und Reiter: Ausritt am Sandstrand von Le Morne

Tennis

In jedem größeren Hotel befindet sich ein Tennisplatz und zahlreiche Anbieter haben Tennisferien auf Mauritius im Angebot. Manche Hotels haben Sand-, andere Hartplätze, einige sogar Flutlicht. Es lohnt sich, auf den Websites der Hotels zu vergleichen, bevor man bucht.
› **Club Equitation du Nord** (s. S. 84). Für Gäste im Norden von Mauritius, die in einer privaten Unterkunft wohnen und nicht auf Hotelplätzen spielen möchten, gibt es hier einen kleinen Tennisplatz, der frei gebucht werden kann.

Ziplines (Seilrutschen)

Wer möchte nicht gern einmal Tarzan spielen und an einer langen Leine hängend durch die Baumkronen sausen? Zipline oder Tyrolienne ist der neue Trend unter den Freizeitaktivitäten auf den Inseln und wird von Freizeitparks und privaten Ökotourismus-Unternehmen gleichermaßen angeboten. Manche Anbieter behaupten, es sei auch für Kinder ab 4 Jahren geeignet, man sollte sich die Sache aber vorerst ansehen, bevor man sich mit kleinen Kindern auf dieses Abenteuer einlässt. Unerlässlich ist es, sich gut mit Mückenmittel einzuschmieren, bevor man abhebt, denn die Plagegeister bewohnen die Gebiete, an denen die Ziplines entlangführen.
› **Casela Nature and Leisure Park** ❹❺
› **Domaine de Chazal** ❸❹
› **Domaine de l'Etoile** ❷❶
› **Rodrigues Zip Line Tyrodrig**, bei Rodriguez Eco Ballade (s. S. 70)

Seilrutschen gibt es in den Naturparks auf Mauritius und Rodrigues

Der einzigartige Flughund – vom Menschen bedroht

Jeder, der einmal auf Mauritius war, hat sie schon gesehen: als große Schatten am Nachthimmel, zusammengerollt schlafend an einem Ast hängend – oder keifend und keckernd, um süße Früchte streitend, auf den Bäumen. Die **mauritischen Flughunde** werden auf Englisch „Fruchtfledermäuse" (fruit bat) genannt, weil sich die pelzigen Nachtschwärmer mit dem Fuchsgesicht vegetarisch ernähren.

Pteropus Niger, so der lateinische Name, war das **einzige Säugetier**, das die ersten Siedler auf Mauritius und Rodrigues vorfanden. Einst gab es drei Arten, von denen heute jedoch nur noch eine auf Mauritius und eine auf Rodrigues vorkommt.

Der mauritische Flughund stand bis 2014 auf der roten Liste der bedrohten Tierarten. Nachdem einige Jahre ohne tropische Wirbelstürme ein **Ansteigen der Population** bewirkten, wurde diese Einstufung herabgesetzt – mit dramatischen Folgen für diese liebenswerten und sehr intelligenten Tiere.

Die Regierung beschloss nämlich, dass allein die Flughunde Schuld am **Rückgang der Obsternten** hätten und deshalb geschossen werden müssten. Dabei gingen die Regierungs-„Experten" im Erstellen der Statistiken schon fast kriminell fahrlässig vor und wurden dafür von namhaften Tierschutz-Organisationen wie dem WWF kritisiert.

Denn Flughunde sind eine **wichtige Komponente eines uralten Ökosystems:** Sie befruchten zahlreiche endemische Pflanzen und Bäume, deren Überleben sie während Jahrtausenden gewährleisteten, denn auf Mauritius existierten damals keine Bienen.

▲ Fliegender Vegetarier: Der Flughund kommt nur auf Mauritius vor.

Um aktiven **Artenschutz** zu betreiben, bietet der Öko-Tourenveranstalter LRT (s. S. 126) zusammen mit der Domaine de Chazal ❹ das „Abenteuer Flughund" an. Der Ausflug beginnt mit einem erfrischenden Bad im Naturteich. Begleitet von einem Experten einer lokalen Naturschutzorganisation (MWF) wandern die Teilnehmer dann mit Einbruch der Dämmerung in die Nähe eines Nistplatzes und beobachten das Ausfliegen dieser faszinierenden Tiere. Beim anschließenden Snack am Lagerfeuer erfährt man viel Interessantes über den Mauritischen Flughund. Ein Teil der Gebühr für diesen Ausflug geht an das **Schutzprogramm des MWF.** Diese Aktivität kann auch mit einer Übernachtung auf der Domaine oder einer Tagesaktivität wie Wandern oder Ziplining kombiniert werden.

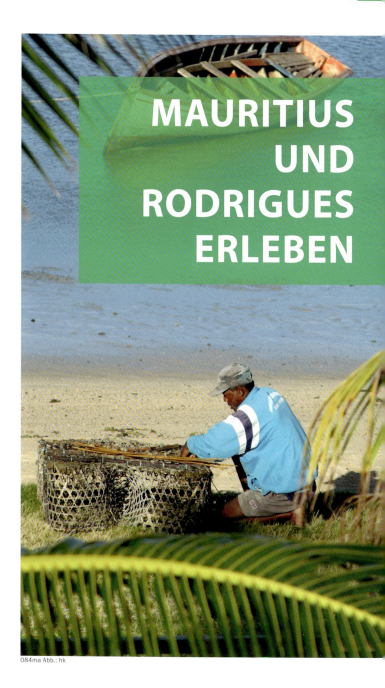

MAURITIUS UND RODRIGUES ERLEBEN

Feste und Folklore

In keinem anderen Staat der Welt gibt es so viele offizielle Feiertage wie in Mauritius. Dies natürlich nicht nur wegen der unbändigen Lust der Bevölkerung am Feiern, sondern vor allem wegen der Vielfalt an Kulturen, Rassen und Religionen. Die Inselbewohner lieben es, das Leben zu zelebrieren, und die meisten der Inselfeiern sind mit ausgiebigen Mahlzeiten verbunden, zu denen Familie, Nachbarn und oft auch nette Inselbesucher eingeladen werden.

Januar

> 1/2. Januar: **Neujahrsfeier.** Das Neujahr wird in Mauritius gleich an zwei Tagen gefeiert, aber man fängt mit den Vorbereitungen schon am 31. Dezember an und das Fest kann gut und gerne bis zum 3. Januar dauern, der auch noch als Feiertag gilt. Der Jahreswechsel ist gleichzeitig der Höhepunkt des Sommers: Dann ist ganz Mauritius wegen der Hitze an den Stränden, es wird gegrillt, gecampt und getrunken. Am 4. Januar geht dann der Alltag wieder los.
> **Chinesisches Neujahrsfest.** Das auch Frühjahrsfest genannte Neujahrsfest findet gemäß dem alten chinesischen Kalender nach dem Stand des Mondes statt. Es ist das wichtigste Fest der Chinesen und wird auf der ganzen Insel, aber speziell in der Chinatown von Port Louis, mit Umzügen, Feuerwerk und traditionellen Gerichten gefeiert. Vor den Häusern hängen Laternen und mit dem Drachentanz wird der Sieg des Guten über das Böse dargestellt.

◁ *Vorseite: Alltag - ein Fischer mit seinen Reusen am Strand*

> **Pongal** (Datum je nach Stand des Mondes). Das Wort Pongal bedeutet „überfließen" und der gleichnamige Tag ist eine Dankesfeier für den Überfluss der Natur, der die Menschen nährt. Am Feiertag wird klebriger Reisbrei gekocht, der die Ernte symbolisiert und aus dem Topf überkochen muss, um Glück und Wohlstand zu garantieren. Wenn dies geschieht, ruft man sich traditionellerweise „Pongal" zu und verspeist den Reis mit Palmzucker.
> **Thaipoosam Cavadee.** Das Büßerfest der tamilischen Bevölkerung zu Ehren des Gottes Muruga findet im Januar oder Februar statt. Am Morgen versammeln sich die in magentafarbene Kleider gehüllten Büßer nach mehrwöchiger Fastenzeit an einem Fluss, wo ihnen von Priestern Metallspieße durch Haut und Zunge gebohrt werden. Anschließend tragen sie ihre „Cavadees", dekorierte jochartige Gestelle, an die Gefäße mit Milch gebunden sind, in einer Prozession zum Tempel.

Februar

> 1. Februar: **Abschaffung der Sklaverei.** Am 1. Februar 1835 wurde in Mauritius offiziell die Sklaverei abgeschafft. Dieser Tag ist heute noch der große Feiertag der Kreolen, der vor allem in Rodrigues und in Mauritius auf der Halbinsel Le Morne, wo sich früher zahlreiche entlaufene Sklaven versteckten und heute ein großes Monument zu ihren Ehren steht, begangen wird. Gefeiert wird mit Reden und Prozessionen, aber auch mit Musik, Tanz und Gesang.

März

> 1. März: **Fischerfest in Rodrigues.** Zum Saisonbeginn der Netzfischerei wird ein Fest gefeiert, welches die Verbundenheit der Inselbevölkerung mit dem Meer zeigt.

Feste und Folklore

- **Holi.** Wie die meisten der indischen Feiertage auf Mauritius ist auch das Frühjahrsfest vom Mondkalender bestimmt und findet damit nicht jedes Jahr am gleichen Tag statt. Gefeiert wird der Sieg des Guten über das Böse, der durch das farbige Wasser oder Farbpulver, mit welchem die Menschen sich gegenseitig bespritzen, symbolisiert wird.
- **12. März: Unabhängigkeitstag.** Am 12. März 1968 wurde Mauritius eine unabhängige Republik mit Seewoosagur Ramgoolam als erstem Premierminister. Dieser wichtige Tag wird in der kleinen Inselrepublik jedes Jahr groß gefeiert. Umzüge, Konzerte und markige Reden der Regierungsvertreter prägen den Unabhängigkeitstag.
- **Maha Shivaratree** (Ende Februar/Anfang März). Schon Tage vor der „großen Nacht des Shiva" strömen mehrere Hunderttausend Pilger aus allen Ecken der Insel und sogar aus dem Ausland zum heiligen See Ganga Talao, um dort zu beten und gesegnetes Wasser zu holen. Das größte außerhalb Indiens stattfindende Hindu-Fest findet zu Ehren der Hochzeit von Shiva und Parvati statt.

April

- **Ougadi.** Die vom Mondkalender bestimmte Hindu-Neujahrsfeier. In der Mythologie erschuf der Schöpfergott Brahma zu dieser Jahreszeit das Universum. An diesem Tag wird das Haus geputzt, Platz für Neues geschaffen und Altes weggebracht.
- **Ostern.** Vor allem die Kreolen, aber auch die Franko-Mauritier feiern Ostern mit großen Gottesdiensten, Prozessionen und Festessen im Familienkreis, da an Ostern ja die Fastenzeit ein Ende hat, welche von den Christen auf den Inseln strikt eingehalten wird. Die Muslime schlachten traditionell ein Lamm.

Thaipoosam Cavadee findet zu Ehren des Tamilengottes Muruga statt

Mai

- **1. Mai: Tag der Arbeit.** Auch auf Mauritius wird der Tag der Arbeit geehrt, vor allem jedoch dient er der Propaganda der großen Parteien, die dann versuchen, sich gegenseitig die Anhängerschaft abspenstig zu machen.

Juni

- **Eid Ul Fitr.** Der Tag, an dem die Fastenzeit der Muslime, der Ramadan, zu Ende geht, wird mit Familienbesuchen, Austauschen von Geschenken und Spenden an die Armen gefeiert.

August

› **Raksha Bandhan** (Geschwistertag). Diese Feier findet zu Vollmond statt und ist kein nationaler Feiertag, erfreut sich auf Mauritius jedoch wegen der schönen Symbolik allgemeiner Beliebtheit. Brüder versprechen, ihre Schwestern zu beschützen und ihnen zu helfen und geben ihnen ein Geschenk. Die Schwester bindet dem Bruder dann ein selbstgemachtes Rakhi-Band ums Handgelenk.

September

› 9. September: **Père-Laval-Tag.** Dieser nach einem Unfall vom Arzt zum Priester gewandelte Franzose kam 1843 auf die Insel, lebte mitten unter dem mauritischen Volk und teilte alles, was er hatte, großzügig mit den Armen. Die Menschen der Insel lieben ihn auch heute noch tief und innig. Sein Todestag wird alljährlich von Menschen aller Glaubensrichtungen begangen, die zum Teil von weit her zum Wallfahrtsort in St. Croix pilgern, wo er in der Kirche beigesetzt wurde. Man schreibt Père Laval nicht erst seit er von Papst Johannes Paul II. heiliggesprochen wurde Heilkräfte zu.
› **Ganesh Chaturthi.** Jährlich am 4. Tag des Hindu-Monats Bhadrapad stattfindende Geburtstagsfeier für den Gott mit dem Elefantenkopf, den Hüter des Karma. Es finden Tänze, Gebete und Reinigungszeremonien statt, anschließend gibt es ein Festmahl mit selbstgemachten Süßspeisen, die auch Ganesh genießen soll.

Oktober

› 12. Oktober: **Rodrigues Day.** Dies ist der Tag, an dem die kleine Insel 2002 ihren politischen Sonderstatus erhielt (s. S. 102). Er wird von einer großen Menschenmenge, die sich in Port Mathurin zusammenfindet, enthusiastisch gefeiert.
› **Durga-Festival Dussehra.** 20 Tage vor dem Lichterfest Diwali wird in Mauritius der Sieg der Göttin Durgah (die auf dem Tiger reitend abgebildet wird) über böse Dämonen gefeiert. Dazu kleben die Frauen einander farbige „Tikkas" auf die Stirn und es wird ein Festmahl mit vielen Süßigkeiten aufgetischt. In manchen Häusern wird eine Zeremonie mit einer Durgah-Statue aus Lehm abgehalten, um die herum Gerstensamen gepflanzt werden.

Segatänzerinnen tragen zur Unterhaltung der Touristen bei (s. S. 40)

November

- 1. November: **Allerheiligen-Feier** der französischen, kreolischen und chinesischen Katholiken, die gewöhnlich mit dem Besuch der Gräber ihrer Ahnen begangen wird. Die Grabstätten werden anschließend mit Blumen, Speisen und Getränken geschmückt.
- 2. November: **Indentured Labourers Day.** Gedenkfeier für die Ankunft der indischen Zwangsarbeiter, die nach Mauritius kamen, um die Sklaven zu ersetzen.
- **Ganga Snaan.** Zum Wasserfest der Göttin Ganga tauchen die Hindus in Massen an den Stränden auf, um zu beten und ins Wasser zu tauchen, denn der heilige Ganges fließt ja in den Indischen Ozean und verströmt seine reinigende Kraft bis nach Mauritius. Leider lassen sie dabei auch viel Plastik zurück.
- **Kreol Festival.** Eine Woche lang werden die kreolische Lebensart, ihre Kunst und Kultur mit Konzerten, Podiumsgesprächen und Ausstellungen in Mauritius und vor allem auch auf Rodrigues zelebriert.
- **Diwali.** Das Lichterfest der Hindus ist zu einem wahren Volksfest auf Mauritius geworden und es ist Sitte, nachts mit dem Auto herumzukurven, um die am schönsten beleuchteten Häuser zu finden. Dabei geht der religiöse Kontext wohl etwas verloren.

Dezember

- 25. Dezember: **Weihnachten.** Dieses Fest der Christen wird auf Mauritius und Rodrigues in der Regel am 25. Dezember mit viel Getöse und Feuerwerk, aber auch ganz traditionell unter dem Christbaum begangen.

Mauritius und Rodrigues kulinarisch

Kulinarische Entdeckungen

Der Schmelztiegel der Kulturen hat Wunderbares für den Gaumen hervorgebracht: Mauritius ist ein veritables **kulinarisches Paradies**. Chinesen, Inder und Kreolen, aber auch Afrikaner und Madagassen haben neben den Franzosen die Kochtöpfe der Inseln beeinflusst.

Besucher können die exotischen Leckereien unbedenklich genießen, denn sie sind in der Regel frisch produziert und unterliegen einer strengen Kontrolle durch den Lebensmittelinspektor. Essen wie die Einheimischen ist in Mauritius Trumpf und auch wer im Hotel Halbpension genießt, sollte es sich nicht nehmen lassen, wenigstens einmal abends auszugehen, um die lokale Küche zu kosten.

Neben **indischen, französischen, italienischen** und **chinesischen Restaurants** gibt es in Mauritius vor allem die „**Restos**", in denen eine **kreolische Fusionsküche** geboten wird. Diese beinhaltet Fisch, Fleisch und Geflügel, meist als Kari (Curry), Vindaye oder Rougaille. Für das **Kari** werden die Zutaten manchmal von Hand gemahlen, die Soße fällt meist etwas knapp aus. **Vindaye** (Vindaloo) ist eine Technik des Marinierens mit Öl, Senfsamen, Gewürzen und Essig. **Rougaille**, auch Sauce Kreol genannt, ist eine Tomatensoße mit viel Koriander und Zwiebeln. Die Gerichte lassen sich hervorragend mit **Reis** oder „Mines", den langen **chinesischen Nudeln**, kombinieren. Meist wird zu Reisgerichten eine **Linsensuppe** gereicht oder eine **Bouillon Brède** genannte Brühe mit zerkochtem Gemüse.

Briyani oder Birjani ist ein Gericht aus dem nördlichen Indien und Pakistan. Es wird traditionellerweise bei Muslim-Festen serviert, hat aber auch seinen Platz in der indischen Küche. In einem großen Metalltopf werden Rind, Huhn oder Lammfleisch und Gemüse zusammen mit Reis und Gewürzen gekocht. Dadurch, dass der Topf mit einem Teigrand versehen wird, kann das Gericht wie im Dampfkochtopf gegart werden. Es gibt auch eine vegetarische Version von Briyani.

Im Restaurant stehen auf dem Tisch üblicherweise zwei kleine Töpfchen. Eines davon enthält „**Piment**", eine mit Vorsicht zu genießende Paste aus Chilischoten, und das andere **Knoblauchsoße**, eine wässrige, gewürzte Flüssigkeit, in der manchmal kleine Knoblauchstückchen schwimmen. Die Mauritier essen oft mit Löffel und Gabel, wobei der Löffel die Gabel ersetzt und die Gabel das Messer. Die indischstämmigen Mauritier essen zu Hause oder während religiöser Feiern auch manchmal mit den Händen.

In den besseren Restaurants werden vor der Mahlzeit sogenannte **Gadjaks** serviert, Appetithäppchen wie gewürzte Kugeln aus Erbsenmehl mit Schalotten, Koriander und Chili (Gâteau Piments), oder **Samoussas**, Teigtaschen mit Fleisch-, Kartoffel- oder Kräuterfüllung.

Täglich verkaufen **fliegende Händler** und winzige **Verkaufsstände** an Straßenecken und Märkten Köstlichkeiten, zum Beispiel gefüllte Fladenbrote, die Rôti, Farata, oder, wenn sie mit grobem Erbsenmehl gemischt sind, Dal Pouri heißen. Fladenbrot wird in indischen Haushalten auch zu den Mahlzeiten gereicht, während die anderen Kulturkreise Stangenbrot bevorzugen.

Süßspeisen

Zu den wohl bekanntesten Süßspeisen auf der Insel gehören neben den **Gâteau Patate** aus Süßkartoffeln bestimmt die **Napoletaines**, runde, zweischichtige und mit Marmelade zusammengeklebte Kekse aus Mürbeteig, die früher mit rosafarbenem Zuckerguss überzogen waren, heutzutage aber in allen Farben zu haben sind. Auch Kokosküchlein oder Bana-

Mauritius und Rodrigues kulinarisch

EXTRATIPP

Lokale mit guter Aussicht
Auf Rodrigues
- Vom **Restaurant** des auf einer Anhöhe über dem Meer gelegenen **Hotels Mourouk Ebony** (s. S. 68) genießen Gäste einen traumhaften Blick auf den tropischen Garten, den Strand und die riesige Lagune.
- **Restaurant Le Chamarel** (s. S. 49). Der Blick reicht von der Terrasse des Restaurants weit über die Westküste und bis zur Bucht von Tamarin.

Im Norden
- **Le Pescatore** (s. S. 24). Trou au Biches. In dem Restaurant lässt es sich in edlem Ambiente auf einer großzügigen Terrasse über dem Meer gepflegt speisen.
- **Beach House** (s. S. 24), Grand Bay. Von der Terrasse genießt man den wunderschönen Blick über die Bucht und auf den Sonnenuntergang.

Im Süden
- **Restaurant des Hotels Andrea Lodge** (s. S. 42), Rivière des Anguilles. Den Gästen bietet sich ein atemberaubender Blick über schwarze Klippen, blaues Meer und die weiße Gischt der Wellen, die sich tief unten an den Felsen brechen. Hier kann man auch Wale und Delfine beobachten.
- Das Restaurant **Le Batelage** (s. S. 42) liegt idyllisch direkt an einer Flussmündung. Von der Terrasse aus schweift der Blick über den Fluss bis zum Meer.

Lecker vegetarisch
Da der Hauptteil der Bevölkerung von **Mauritius** indischer Abstammung ist, kann man **überall vegetarisch essen.** Die meisten Restaurants haben mehrere vegetarische Menüs auf der Speisekarte. In fast allen Hotels kann man sich am Buffet bedienen und das Personal hilft gern, wenn man nicht sicher ist, ob ein Gericht Fleisch enthält. Auch die Straßenverkäufer sind daran gewöhnt, Vegetarier zu bedienen und die gefüllten Fladenbrote und die meisten Samoussa-Arten sind sowieso fleischlos.

In **Rodrigues** steht neben Fisch zwar öfter Fleisch auf der Speisekarte als in Mauritius, aber auf Wunsch wird gerne vegetarisch gekocht oder einfach das Fleisch weggelassen, denn allein die üppigen Gemüsebeilagen bilden schon eine komplette Mahlzeit.

Vorsicht ist in **chinesischen Restaurants** geboten. Dort sollte man immer extra erwähnen, dass alles vegetarisch sein soll, denn die Chinesen verwenden zum Anbraten manchmal Schweineschmalz.

---

nenkuchen gibt es an allen Straßenecken zu kaufen. **Gâteau Pistaz** sind eigentlich keine Kuchen, sondern Kekse und werden nicht mit Pistazien, sondern mit kandierten Erdnüssen und Kokosraspeln hergestellt.

Die **Torten von Rodrigues** haben Kultstatus. Wer immer von Mauritius dort hinfährt, wird garantiert von Freunden und Verwandten gebeten, einige dieser lang haltbaren, ursprünglich von einem bretonischen Rezept stammenden, mit Marmelade und Kokosraspeln gefüllten und schön dekorierten Kuchen mitzubringen.

Frische Früchte werden in Mauritius und Rodrigues zu allen Jahreszeiten angeboten und gehören bestimmt zu den leckersten und gesündesten Insel-Delikatessen.

◁ *Chilis, Zwiebeln und getrockneter Fisch sind die Grundlage für viele leckere Inselgerichte*

Getränke

Das **Nationalgetränk** von Mauritius ist nicht etwa der berühmte Rum oder das ausgezeichnete Lagerbier, sondern der **Tee**. Mit aromatischer Vanille verfeinert oder ganz natürlich wird Schwarztee aus dem Hinterland von Mauritius von Einheimischen und Besuchern genossen. Es sind auch Naturtees wie Zitronengras, Pfefferminze oder Ayapana im Handel.

Neben dem Zuckersirup ist der **Rum** ein süffiges Nebenprodukt der Zuckerindustrie und seit einiger Zeit gibt es zusätzlich zu den destillierten Rum-Arten auch im Gärbottich erzeugte. Zu den beliebtesten Marken gehören Saint Aubin, Chamarel und Green Island. Angereichert mit Gewürzen und Früchten wird der **Rhum Arrangé**, eine etwas flüssigere Variante des Rumtopfs, als Aperitif oder Digestif gereicht und ist in zahlreichen Varianten auch als Hausmischung von bekannten Lokalen und Hotelbars auf allen Maskarenen-Inseln erhältlich.

Wer keine Lust auf die allbekannte, aber ungemein süße Limonade **Eski** hat, kann sich in guten Restaurants oder Bars einen **frischen Fruchtsaft** pressen lassen oder sich für ein kühles lokales **Bier** entscheiden. Nach dem preisgekrönten Lager Phoenix und dem dunklen, bitteren Blue Marlin kam vor einigen Jahren Flying Dodo auf den Markt, welches etwas runder im Geschmack sein soll.

Wer dem Wein zusprechen will, hat eine große Auswahl an internationalen Weinsorten aus der ganzen Welt. Einige Sorten tragen sogar den Aufdruck „lokaler Wein". Dies bedeutet aber nichts anderes, als dass eine gefriergetrocknete Traubenmasse importiert und auf Mauritius angereichert und vergoren wird.

Alouda wird vor allem auf dem Markt von Port Louis angeboten und ist ein Getränk aus Basilikumsamen, Agar Agar und Milch, angereichert mit Vanillearoma und gefärbt mit Lebensmittelfarben.

◸ *Tee ist das Nationalgetränk von Mauritius*

▻ *Inselkunst und Mode im Rasta-Shop Roots of Chamarel (s. S. 50)*

Shopping

Souvenirs

Touristen, die echte und originelle **Souvenirs** von Mauritius mitnehmen möchten, sind gut beraten, diese nicht in einem der vielen Souvenirshops zu kaufen, sondern auf dem **Handwerkermarkt** oder **direkt beim Künstler**. In der Regel stammen die in den Souvenirshops angebotenen Artikel nämlich gar nicht von den Inseln, sondern aus Madagaskar, Indien oder China und sind allzu oft aus immer seltener werdenden Muscheln, Panzern von geschützten Seeschildkröten oder anderen **raren Spezies** gemacht. Man sollte unbedingt die Hände von solchen Stücken lassen, denn auch mit einem Echtheitszertifikat ausgerüstet unterliegen sie **internationalen Artenschutzbestimmungen** und wer dagegen verstößt, muss nicht nur das kostbare Teil am Zoll lassen, sondern auch noch eine **Geldstrafe** zahlen.

Der beste Ort für echte Inselsouvenirs ist wohl der **Crafts Market** an der Caudan Waterfront ❻ in Port Louis. Dort kann man auf zwei Etagen manchen Künstlern gleich bei der Produktion der Souvenirs zusehen.

Der Rasta-Laden **Roots of Chamarel** (s. S. 50) ist auch eine sehr gute Adresse für einheimisches Kunsthandwerk. Die Besitzerin schneidert ihre eigenen, von Afrika inspirierten Kleider, stellt Schmuck her und bietet Stücke an, die sonst nirgends erhältlich sind. Sie unterhält rege Beziehungen zum Netzwerk einheimischer Künstler und vermittelt auch gerne Kontakte zu den Herstellern.

Im Gegensatz zu Mauritius ist **Rodrigues** ein Paradies des einheimischen Kunsthandwerks. Berühmt ist die Insel für geflochtene Hüte und Körbe in allen Größen und Formen, die auf dem **Wochenmarkt in Port Mathurin** ❺❻ oder im CareCo-Laden (s. S. 70) neben der Post verkauft werden. Hier werden noch die lebendigen Traditionen der Insel gelebt und viele Dinge des alltäglichen Gebrauchs selbst hergestellt.

Märkte

Mauritius

› Montag: großer gemischter Markt mit Textilien in **Mahébourg** ❷❸
› Montag bis Samstagmorgen: Früchte- und Gemüsemarkt in **Mahébourg**
› Donnerstag und Sonntag: gemischter Markt mit Textilien in **Quatre Bornes** ❺❶

› Montag bis Samstagmorgen: gemischter Markt in **Port Louis** ❶
› Donnerstag: Zentralmarkt in **Port Louis**
› Mittwoch und Sonntag: gemischter Markt in **Flacq**
› Dienstag und Freitag: gemischter Markt in **Goodlands**
› Montag und Samstag: Früchte- und Gemüsemarkt in **Grand Bay** ⓫
› Sonntag: Früchte- und Gemüsemarkt in **Pamplemousses**
› Dienstag und Freitag: großer Früchte- und Gemüsemarkt in **Vacoas**

Rodrigues
› Mittwoch und Samstag: Zentralmarkt in **Port Mathurin** ㊶

Natur erleben

Bevor die Menschen kamen, waren Mauritius und Rodrigues mit Wald bedeckt. Schildkröten tummelten sich an den Stränden und in den skurril geformten Bäumen und Palmen lebte eine einzigartige Vogelwelt. Säugetiere gab es außer den Flughunden keine. Im Meer jedoch lebten friedlich äsende Seekühe und Delfine kamen zum Schlafen in unberührte Buchten.

> **EXTRATIPP**
>
> **Wandern und Meditation in freier Natur**
> Wanderungen nicht nur zu den bekannten Gipfeln und Highlights der Insel, sondern auch zu **kaum bekannten Wasserfällen und Aussichtspunkten** bietet der **Guide Ashwin**, der sein Leben ganz auf die Natur ausgerichtet hat. Ashwin kennt seine Insel in- und auswendig und bringt sie seinen Gästen in allen Wetterlagen näher. Für Wanderfreunde, die ihre Begegnung mit der Natur vertiefen möchten, bietet er zudem **Meditationen** an ausgewählten Naturplätzen an.
>   Der Tarif richtet sich nach der Anzahl der Teilnehmer. Interessenten können telefonisch oder per E-Mail buchen (Tel. 57526713, tribalnatraj@hotmail.com), www.facebook.com/hikingwithashwin.

Die Menschen bereiteten dieser Idylle ein abruptes Ende. Lange hatte Mauritius deshalb einen schlechten Ruf, die Insel galt als Paradies der ausgestorbenen Tierarten. Heute ist dies beileibe nicht mehr so und durch die Anstrengungen von **Tier- und Um-**

Die Magie der Bienen von Rodrigues

Die Bienen von Rodrigues wurden als Teil des Behindertenprojekts **CareCo**, *welches im Jahr 1989 ins Leben gerufen wurde, auf die Insel gebracht. Gleichzeitig unterrichtete man Interessierte in Imkerei und Bienenhaltung. Zahlreiche Teilnehmer waren begeistert und bald fand man überall auf der Insel Bienenstöcke mit fleißigen Bienenvölkern, die den wegen seiner Reinheit heiß begehrten* **Rodrigues-Honig** *produzierten.*

Seit den Anfängen wurden hier 25 Imker ausgebildet, mit Material ausgerüstet und durch das Projekt unterstützt. Der Honig aus Rodrigues gewann bei der internationalen Imkerei-Ausstellung in London 2009 die Goldmedaille. Leider haben in den letzten paar Jahren ein paar wenige Produzenten ihren Honig mit Zuckerwasser gestreckt. Natürlich fand man auf der kleinen Insel schnell heraus, wer die Sündenböcke waren, aber der Ruf von Rodrigues wurde geschädigt und auch ehrliche Hersteller erlitten Einbußen.

Die besten Adressen für Honigkauf sind nach wie vor der CareCo-Laden (s. S. 70) in Port Mathurin und Le Miel Victoria in Bigarade ⑥⓵.

---

weltschutzorganisationen wurden sogar **ausgestorben geglaubte Spezies** wie die Rosentaube, der wilde Kaffee und einige Schraubenpalmen-Spezies wieder ins Leben zurückgeholt.

Auf allen Inseln werden derzeit große Anstrengungen zur **Wiederaufforstung** und auch zur **Entfernung von invasiven Spezies** unternommen und Inselbesucher können durch die Teilnahme an nachhaltigem Tourismus durchaus zum Umweltschutz beitragen.

Im Nationalpark, aber auch in einigen privaten Parks wird aktiver **Naturschutz** praktiziert und Besucher finden spannende Aktivitäten rund um dieses Thema auch in diesem Buch. Jedoch bieten einige Parks Aktivitäten und Abenteuer mit Tieren an, die aus Afrika, Indien und Madagaskar eingeführt wurden, darunter Spaziergänge mit Raubkatzen, die Fütterung von Krokodilen und Safarifahrten. Alternativ gibt es auf Mauritius und Rodrigues immer noch genügend **Naturpfade** und Landschaften von rarer Schönheit, wo der Besucher staunend den **ursprünglichen Charakter** der Inseln entdecken kann.

◁ *Abenteuerliches Mauritius: Abseilen in einem der Tamarind Falls* ④⓵

▷ *Gehören zu den seltensten Vögeln der Welt: Grünsittiche*

Von den Anfängen bis zur Gegenwart

Es ist nicht ganz klar, ob die Araber wirklich die Ersten waren, die die Inseln besuchten, denn gemäß neuen Erkenntnissen scheinen mehrere riesige Mauern, ein mit Steinen ausgelegter Höhleneingang und insbesondere sieben ursprünglich für Feuerblockaden gehaltene Steinpyramiden in den Zuckerrohrfeldern des Südens Überreste einer noch viel älteren Kultur zu sein.

Um ca. 900 werden in Berichten arabischer Seeleute erstmals drei Inseln erwähnt, die man heute für Rodrigues, Mauritius und La Réunion hält.

1502: Auf der berühmten Weltkarte von Alberto Cantino, der mit den portugiesischen Entdeckern Kontakte pflegte, sind neben Madagaskar klar die Umrisse der drei Inseln eingezeichnet, mit dem Vermerk Dina Arobi für Mauritius, Dina Mozare für Rodrigues und Dina Margabim für La Réunion, was einige Forscher als arabische Namen zu erkennen glauben. Die Portugiesen jedenfalls benutzen die Maskarenen-Inseln als Zwischenhalt zum Auffüllen der Wasser- und Proviantvorräte auf dem Weg zu ihren Kolonien.

1528 wird Rodrigues nach dem portugiesischen Entdecker Dom Diogo Rodrigues benannt und behält diesen Namen in mehreren Versionen bis heute bei.

1598 „entdecken" die Holländer die Insel Mauritius, die sie zuerst ebenfalls als Zwischenstopp benutzen und dann im Jahr 1638 fest besiedeln. Die Holländer beuten die Ebenholzwälder aus, verursachen das Aussterben vieler Tier- und Pflanzenarten wie dem flugunfähigen Riesenvogel Dodo. Nach verheerenden Wirbelstürmen, Missernten, Krankheit, Revolten und Piratenangriffen verlassen sie die Insel im Jahre 1710 jedoch für immer. Ein paar Ruinen im Osten und der Name Mauritius nach dem holländischen Prinzen Mauritz van Nassau zeugen heute noch von dieser ersten uns bekannten Besiedlungsphase.

1691 zog der Hugenotte François Leguat mit 7 Freunden nach Rodrigues, um dort ein Zentrum für seine verfolgten Landsleute aufzubauen. Das Projekt gelang nicht, weil die Gruppe, obwohl keinerlei Not an Nahrung bestand, unter akuter Einsamkeit litt. Es folgte der Rückzug nach Mauritius, wo die Gruppe jedoch in Gefangenschaft geriet.

1715 wird Mauritius von Kapitän Dufresne d'Arsal für die französische Krone in Besitz genommen und Ile de France genannt, nachdem die Insel einige Jahre lang Piraten und Freibeutern als Versteck gedient hat. Mit Mahé de Labourdonnais kommt ein äußerst fähiger Mann auf die Insel, der Nutzpflanzen und Saatgut aus aller Welt importiert, Straßen, Kirchen, Zuckermühlen und ein Krankenhaus bauen lässt und vom französischen König schließlich zum Gouverneur ernannt wird. Sklaven aus Afrika und Madagaskar arbeiten auf den Zuckerrohrfeldern und tragen zum Wohlstand der Kolonie bei. Die Ile de France ist reich und schön, die weiße Oberschicht ist gebildet, kultiviert und trägt die neuste Mode aus Paris.

1729 Olivier Levasseur, der berühmte Pirat La Buse, wird auf der Nachbarinsel La Réunion gehängt. Damit endet die Zeit der Piratenüberfälle.

Ab 1735: Labourdonnais erklärt 1735 die westliche Hafenstadt Port Louis zur neuen Hauptstadt, lässt auf einer nahe gelegenen Anhöhe mit frischem Klima und exzellentem Boden ein beeindruckendes Haus bauen und von seinem Freund Pierre Poivre wenige Jahre später den Gemüsegarten darum herum in einen prächtigen Park verwandeln. Um auch Rodrigues zu kolonialisieren,

Von den Anfängen bis zur Gegenwart

bringt man etwa zur selben Zeit Sklaven und Vieh auf die Insel. Damit beginnt das Abholzen der Wälder, welches zu einer Veränderung des Inselklimas führt. Schon kurze Zeit danach wird es steppenartig und trocken. Der große flugunfähige Vogel Solitär tut es dem Dodo gleich und stirbt aus.

1806 erobern die Engländer, die stetig versucht haben, die Kontrolle über die strategisch wichtigen Inseln zu erringen, Rodrigues, die Seychellen und La Réunion. Nun blasen sie zum Großangriff auf die letzte der Maskarenen-Inseln.

20. August 1810 ist das Datum, an welchem die Engländer die berühmte Seeschlacht von Vieux Grand Port verlieren. Der französische Sieg wird anschließend zwar in den Triumphbogen am Place de la Concorde in Paris eingemeißelt, aber schon einige Monate später landen die Engländer in Bain Boeuf im Norden von Mauritius – und diesmal mit Erfolg: Die Franzosen, die ihre Verteidigungslinien gegen Süden ausgerichtet haben, stehen diesem Angriff machtlos gegenüber.

Im Hafen von Port Louis ❶
legen seit fast 300 Jahren Schiffe an

Im **November 1810** gelangt die stolze Ile de France in englische Hand. Die neuen Herren lassen den Inselbewohnern die Sprache, den Grundbesitz und die Struktur, nennen die Insel jedoch wieder Mauritius und gehen daran, einige grundlegende Änderungen durchzuführen, die zu einem Verzehnfachen des Ertrags aus dem Zuckeranbau führen.

1835 wird die Sklaverei abgeschafft. Um die Zuckerrohrfelder weiterhin bewirtschaften zu können, brauchen die Engländer nun billige Arbeitskräfte. Zu diesem Zweck werden sage und schreibe 450.000 Inder und ein paar Tausend Chinesen mit Kuli-Verträgen nach Mauritius importiert. Dies verändert das Gesicht der Insel für immer. 290.000 Inder bleiben nämlich auf Mauritius und werden zur stärksten ethnischen Gruppe, deren Nachfahren heute fast 50 % der Inselbevölkerung ausmachen. Nach Rodrigues gelangen keine indischen Arbeiter, denn das trocken gewordene Klima der Insel ist für den Anbau von Zuckerrohr nicht geeignet.

1901 besucht Mahatma Gandhi Mauritius und legt den Grundstein für die dortige Freiheitspolitik, die den Inseln ultimativ die Unabhängigkeit bringen soll. Es dau-

Piraten und Freibeuter von Mauritius

Gegen Ende des 17. Jahrhunderts verloren die Holländer nach mehreren Piratenüberfällen, schlechten Ernten und Wirbelstürmen das Interesse an ihrer kleinen Inselkolonie. In der Folge zogen sie sich zurück und im Jahr 1705 war Mauritius vogelfrei - und offen für jedermann, der da kommen wollte. Es sollte aber nochmals 10 Jahre dauern, bis tatsächlich jemand kam. In der Zwischenzeit war die nun bekannte Insel Zufluchtsort für entlaufene Sklaven und zwielichtige Gestalten.

*Über die Maskarenen wurden Gewürze transportiert und kein Gold aus Südamerika, schon deshalb war die Inselgruppe im Vergleich mit der Karibik für **Piraten** weit weniger interessant. Nachdem der Aufenthalt im Atlantik jedoch für sie zu riskant geworden war, verlagerten die Engländer William Kidd, Edward England und John Taylor sowie der Franzose Olivier Levasseur, der unter dem Namen La Buse („der Bussard") bekannt war, ihre Tätigkeit erfolgreich in den Indischen Ozean.*

*Im Jahr 1720 gelang **John Taylor** und **La Buse** das größte Meisterstück in der Geschichte der Piraterie: Sie entführten das Schiff Notre Dame du Cap direkt aus dem Hafen der Hauptstadt Saint Denis auf der Insel La Réunion. Auf der Notre Dame befanden sich ein hoher portugiesischer Würdenträger und der Bischof von Goa und mit ihnen ein Schatz, der alles überstieg, was Piraten je erbeutet hatten: Perlen und Edelsteine, Diamanthalsbänder, Gold- und Silberbarren, edle Geschmeide, kostbare Seidenstoffe und Möbel. Außerdem das berühmte „Kreuz von Goa", welches aus Gold und Edelsteinen gefertigt und so schwer war, dass es von drei Männern getragen werden musste.*

Nach diesem Coup wurden die beiden Piraten schlagartig zum Schrecken des Indischen Ozeans - berühmt und gefürchtet von den Seychellen bis zum südlichsten Zipfel Madagaskars. Einige Jahre später trennte sich das Duo jedoch und die französische Krone gewährte Taylor Amnestie. La Buse, der im Kampf ein Auge verloren hatte und seither eine Augenklappe trug, zog sich daraufhin nach Madagaskar zurück. Dort wurde er vom Kapitän eines französischen Schiffes erkannt, für das er Lotsendienste versah, und prompt inhaftiert. Der berühmteste Pirat des Indischen Ozeans wurde daraufhin nach La Réunion gebracht und dort zum Tod verurteilt. Bevor er 1729 gehängt wurde, soll er ein beschriebenes Dokument in die Menge geworfen und gerufen haben, dass sein Schatz demjenigen gehöre, der es zu entziffern verstünde. Besagtes Dokument befindet sich heute im Besitz des Historikers John Cruise-Wilkins auf den Seychellen. Aber wie auch sein Vater zuvor hat er es bis heute nicht geschafft, dessen Inhalt zu deuten.

*Während Piraten der Tod durch den Strang erwartete, konnten sich die von ihren Regierungen mit Kaperbriefen ausgestatteten **Freibeuter** ungeniert an ihren gestohlenen Schätzen erfreuen und sich erst noch als Helden rühmen. Das Freibeuter- oder Korsarentum erlebte nämlich gegen Ende des 18. Jahrhunderts mit dem Konflikt zwischen England und Frankreich eine regelrechte Blütezeit. In die-*

sem Konflikt stand die Insel Mauritius im Mittelpunkt, denn die Briten hatten schon lange ein Auge auf sie geworfen. Und weil es ihnen nicht gelang, die damalige „Ile de France" zu erobern, versuchten die Engländer, den Sieg mit einer Blockade zu erzwingen.

So kam es zur Sternstunde von tapferen und wagemutigen französischen Korsaren wie Malroux, Drieux, Du Tertre und Le Nouvel, aber allen voran **Robert Surcouf,** ein Franzose aus St. Malo, der in Mauritius ansässig geworden war. Kaum 22 Jahre alt, segelte er dem Feind entgegen, um dafür zu sorgen, dass die französischen Handelsschiffe ungehindert die Insel mit den für ihre Bewohner lebensnotwendigen Gütern versorgen konnten. Oftmals wendeten die Korsaren so Hunger und Not von ihrer Insel ab.

Das Kapern der Kent, ein Schiff, das mehr als dreimal so groß war wie sein eigenes, war Surcoufs Meisterstück und zugleich einer der letzten großen Siege der Korsaren. Denn bald darauf endete mit der Übernahme von Mauritius durch England die große Zeit der französischen Freibeuterei.

Nur wenig später begann jedoch eine neue Ära: Die **Jagd nach den verborgenen Piratenschätzen.** Eingeläutet wurde sie vom französischen Experten Charles de La Roncière. Dieser löste durch seine Thesen ein regelrechtes Schatzfieber aus und inspirierte unter anderem Robert Louis Stevenson zu seinem Buch „Die Schatzinsel".

Experten meinten, aus La Buses berühmtem Dokument herauslesen zu können, dass der Schatz an der Ostküste von Mauritius oder auf einer kleinen Insel in der Lagune von Rodrigues liegen müsse. Diese Orte wurden, genau wie der Rest des Indischen Ozeans, genauestens abgesucht. Man fand Gräber und Symbole eingeritzt in Stein, aber keinen Goldschatz und erst recht nicht das „Kreuz von Goa". Das Grab von La Buse befindet sich auf dem Friedhof von Saint Denis auf der Insel La Réunion. Sein Schatz jedoch ruht immer noch unangetastet an einem unbekannten Ort.

▽ Ein „Piratenboot" mit Touristen vor Trou d'Eau Douce

ert allerdings noch Jahre, bis die englischen Herrscher die Souveränität von Mauritius anerkennen.

1936 wird von indischstämmigen Mauritiern die Labour-Partei gegründet, die gemäß dem Vorbild Gandhis auch für die Unabhängigkeit von Mauritius von den Engländern streben. Es beginnt eine Serie von Kämpfen der organisierten Landarbeiter gegen schlechte Arbeits- und Lebensbedingungen und die Tyrannei der Briten auf den Zuckerrohrplantagen, die in der Erschießung der schwangeren Landarbeiterin Anjalay Coopen im Jahr 1943 gipfelt.

1940: In den Wirren des Zweiten Weltkriegs landen 1584 Juden, die eigentlich nach Palästina flüchten wollten, stattdessen auf Mauritius (s. S. 61).

1948 wird von den Engländern eine Kampagne zur Ausrottung der Malaria durchgeführt. Die ausgedehnten Mangrovenwälder, die die Insel bis dahin vor Erosion schützten, fallen dieser Kampagne zum Opfer, weil die Briten fälschlicherweise vermuten, dass sich die Anopheles-Mücke, die für die Verbreitung von Malaria verantwortlich ist, in den Mangrovenwäldern vermehrt.

1958 wird das uneingeschränkte Wahlrecht eingeführt und die Labour Party mit Seewoosagur Ramgoolam mit großer Mehrheit gewählt. Die Partei stabilisiert die Wirtschaft von Mauritius, lässt den Hafen ausbauen und Brücken, neue Straßen und Stauseen errichten – und sie strebt nach Unabhängigkeit.

1968 wird Mauritius zum unabhängigen Staat innerhalb des Britischen Commonwealth mit Seewoosagur Ramgoolam, dem sogenanntem „Vater der Nation", als erstem Premierminister.

1992 wird Mauritius zur Freien Republik ausgerufen.

Seit 1992 hat sich der Tourismus fest in Mauritius etabliert. Nach dem Zuckerrohr und der Textilindustrie ist er das dritte Standbein der Inselrepublik, wobei Letzterer mit der Entwicklung von internationalen Dienstleistungen im IT-Sektor später noch ein viertes Standbein wächst.

1999 wird der bekannte Seggae-Sänger und Aktivist Kaya nach einer öffentlichen Kundgebung zur Legalisierung von Cannabis ins Gefängnis geworfen und stirbt dort an den Folgen schwerer körperlicher Misshandlung. Dies führt zu Ausschreitungen.

Seit 2002 hat Rodrigues, obwohl es politisch zu Mauritius gehört, einen autonomen Sonderstatus innerhalb der Republik.

2003–2005: Mit Paul Berenger wird zum ersten Mal ein Franko-Mauritier Prime Minister von Mauritius.

2004 verbietet die britische Regierung den ehemaligen Bewohnern von Diego Garcia, in ihre Heimat zurückzukehren (s. S. 28).

2014: Im Dezember wählt die Bevölkerung den 85-jährigen Aneerood Jugnauth, Vorsitzender der Partei MSM (Militant Socialist Movement), zum sechsten Mal zum Premierminister von Mauritius. Jugnauth ist damit der am längsten amtierende Premierminister in der Geschichte des Inselstaats.

2015 wird mit Ameena Gurib Fakim zum ersten Mal in der Geschichte der Republik eine Frau zur Präsidentin gewählt.

2016 hat sich der Pachtvertrag zwischen den USA und den Besitzern von Diego Garcia still und leise um weitere 20 Jahre verlängert (s. S. 28).

2017 Im Januar tritt der Premierminister überraschend aus gesundheitlichen Gründen zurück und gibt das Szepter an seinen Sohn Pravind weiter. Er selbst bekleidet nun die von ihm geschaffene, hochdotierte Position des Minister Mentor. Die Opposition erklärt die Demokratie im Land für gefährdet.

PRAKTISCHE REISETIPPS

An- und Rückreise

Mauritius hat sich zu einer veritablen **Flugdrehscheibe** entwickelt. Air Mauritius, Thomas Cook und Condor fliegen Mauritius ab Deutschland **direkt an**, Austrian Airlines bietet direkte Flüge ab Wien, während British Airways, Air France und Emirates von der Schweiz, Deutschland und auch Österreich aus Verbindungen mit **Zwischenstopp** anbieten. Einige Charterfluggesellschaften fliegen Mauritius nur während der Saison von Oktober bis Mai an, also lohnt es sich, Preisvergleiche anzustellen und etwas zu recherchieren. Der **Flughafen von Mauritius** liegt im Süden der Insel, in der Nähe der Ortschaft Plaine Magnien. Der offizielle Name ist **Sir Seewoosagur Ramgoolam Airport (SSR)**.

Die Insel **Rodrigues** liegt anderthalb Flugstunden entfernt und kann wegen ihrer kurzen Landepiste nur von **Kleinflugzeugen** angeflogen werden. Sie wird deshalb ausschließlich von den ATR-Maschinen der Air Mauritius bedient. Der Flughafen von Rodrigues heißt Sir Gaetan Duval Airport.

Auf Mauritius und Rodrigues empfiehlt es sich, die **Flughafentransfers** mit Taxi oder Limousine (je nach Entfernung, Komfort und aktuellen Benzinpreisen ist mit umgerechnet zwischen 15 und 45 € zu rechnen) abzuwickeln, denn die Busse sind nicht für Passagiere mit großen Gepäckstücken ausgerüstet. Zudem fahren sie nur tagsüber. Die meisten Hotels und auch Mietwagenfirmen haben einen eigenen Transferservice und bieten diesen Dienst bei der Buchung an.

◁ *Vorseite: Auf Mauritius trifft man auch auf manch interessanten Vogel*

Ausrüstung und Kleidung

Bloß **nicht zu viel einpacken!** Die leichten und farbenfrohen Kleider aus Baumwolle und Leinen, die sich in den Tropen so gut anfühlen, findet man in Mauritius auf Märkten, Bazars und in Souvenir-Shops und in Rodrigues kann man die passenden Hüte dazu erstehen. Es kann allerdings schwierig sein, Kleider- und Schuhübergrößen aufzutreiben, und Kleidung ist ein bis zwei Größen kleiner als die angegebene Nummer. Es gibt jedoch zahlreiche Schneiderateliers, in denen man sich seine Traummodelle nach Maß und überraschend günstig anfertigen lassen kann.

Wegen der **Klimaanlagen** empfiehlt es sich, eine leichte Jacke oder einen Pulli mitzunehmen, denn Einkaufszentren, Museen und Flughäfen können ganz schön kühl sein. Die Inselfrauen haben aus diesem Grunde stets einen langen, breiten Schal dabei, den sie malerisch um sich herum drapieren, wenn mal ein frisches Lüftchen weht. So einen ersteht man sich am besten auf dem nächsten Markt. Die **Sonnenbrille** gehört auf den Inseln auch für Kinder zur Grundausstattung, genauso **Badeschuhe**, die man vorsichtshalber mitbringen sollte, weil man nie genau weiß, ob die Größe, die man braucht, gerade im Hotelshop vorrätig ist.

Schnorchel- oder Tauchausrüstung und **Sportgeräte** sind auf Mauritius teurer als in Europa und es empfiehlt sich in jedem Fall, die eigene Ausrüstung mitzunehmen, wenn man nicht mieten will.

In Mauritius gehört **Strandkleidung** übrigens an den Strand und es ist daher klug, neben Strandschlappen,

Autofahren

Shorts und Badehose auch ein paar „zivilisierte" Kleider einzupacken, sodass man für den Gang auf Ämter und Besuche bei gastfreundlichen Einheimischen, in Tempeln oder schicken Restaurants und Bars, von denen es doch einige gibt, gerüstet ist.

Mitbringen sollte man ebenfalls **Medikamente, Markenartikel** und **deutschen Lesestoff**. Auch **Batterien** sind teurer und es lohnt sich, welche vorrätig zu haben.

Besucher von **Rodrigues** tun gut daran, **Kontaktlinsenpflegeprodukte, Marken-Kosmetika, Sonnencremes** und **Hygieneartikel** einzupacken, denn die Läden dort haben einen sehr einfachen Standard und ein kleines Sortiment.

Autofahren

In Mauritius und Rodrigues herrscht **Linksverkehr**. **Anschnallen** ist im Auto vorne und hinten Pflicht, Kinder bis 10 Jahre müssen überdies auf dem Rücksitz mitfahren.

Bei Klettertouren sollte man auf den Helm nicht verzichten

Die **Geschwindigkeitsbeschränkung** ist (wenn nicht anders angegeben) innerorts 40 km/h, außerhalb von Ortschaften 80 km/h und auf der Autobahn sind 110 km/h erlaubt. Allerdings sind die Strecken, auf denen die Höchstgeschwindigkeit erlaubt ist, in der Regel ziemlich kurz. Dies gilt besonders für die Strecke zwischen Port Louis und Grand Bay.

Im **Kreisverkehr** gilt die Regel „rechts vor links". Eine weiße Linie zeigt den Vortritt an. Auf viel befahrenen Straßen sind **Kameras zur Verkehrsüberwachung** installiert.

Verkehrsteilnehmer in Mauritius müssen sich bewusst sein, dass sie die Straße mit Fußgängern, Hunden, Katzen, Hühnern, Fahrrädern und unzähligen Motorrädern aller Altersklassen teilen – auch die Autobahn!

Das **Straßennetz** von Mauritius wurde irgendwann innerhalb der letzten 150 Jahre gebaut und man darf sich von den neuen Schnellstraßen nicht täuschen lassen: Die Nebenstraßen sind oft voller Löcher. In der Ortschaft Tamarin sind die Straßen extrem kaputt – eine Nebenwirkung der sintflutartigen Regenfälle, die dort regelmäßig Straßen und Häuser unterspülen.

Parken

In größeren Städten wie Port Louis, Rose Hill, Quatre Bornes und Curepipe kann innerhalb von angegebenen Zonen mit **Parkscheinen** geparkt werden. Diese sind an den meisten Tankstellen erhältlich. Sie können im Coupon-Heft gekauft werden und müssen an angezeigten Parkplätzen gut sichtbar im Auto deponiert werden.

In **Port Louis** liegt angeschlossen ans Einkaufszentrum Le Caudan ein modernes **Parkhaus**. Es wird, obwohl etwas teuer, von vielen Einheimischen bevorzugt, weil der Wagen dort garantiert im Schatten steht. Das Einkaufszentrum **La Croisette** bei **Grand Bay** hat ein unterirdisches (kostenfreies!) und schattiges Parkhaus.

Vorsicht vor tiefen Rinnsteinen, fallenden Kokosnüssen und „markierenden" Vogelschwärmen ist auf dieser tropischen Insel immer geboten. Außerdem darf auf gelb markierten Flächen nicht geparkt werden.

Barrierefreies Reisen

Generell gesehen ist Mauritius wegen der hohen Serviceleistungen in den Hotels und der ausgeprägten Hilfsbereitschaft der Menschen geeignet für barrierefreies Reisen. Der 2013 eröffnete **Flughafen** ist mit Rampen und Lifts ausgestattet und die neuen **Einkaufszentren** und Passagen sind im Rollstuhl gut befahrbar. Auch die Hauptstadt **Port Louis** ❶ ist für Rollstuhlfahrer trotz der intensiven Verkehrsbelastung interessant. Dort ist vor allem die Caudan Waterfront ❻ zwischen dem Hotel Labourdonnais und dem Einkaufszentrum Astrolabe gut erschlossen. Mit Begleitung schafft man es bestimmt bis zum Postmuseum und der UNESCO-Stätte Aapravasi Ghat oder sogar die Queen Elisabeth Ave. hoch bis zum Theater, der Kathedrale oder der Statue der Königin Victoria. Abenteuerlustige können sich auch zum Markt vorwagen. In den **Seitenstraßen** sollte man jedoch Vorsicht walten lassen, denn die Bordsteinkanten sind wegen der plötzlichen Regengüsse, für die Port Louis berüchtigt ist, sehr hoch und für Rollstühle schlicht unpassierbar. Auch ist das Kopfsteinpflaster oft uneben und voller kleiner Stufen, um dies wieder auszugleichen.

Ebenfalls mit dem Rollstuhl erschlossen werden können der Montagsmarkt von **Mahébourg** ㉓, das Stadtzentrum von **Curepipe** ㊽, der **Botanische Garten in Pamplemousses** ❼, das **Zuckermuseum** ❽ und der Krater **Trou aux Cerfs** ㊿.

Manche Hotels bieten einen Ausflugservice für Rollstuhlfahrer an, am besten erkundigt man sich noch vor der Buchung. Auch einige der **Kreuzfahrtschiffe**, die am Hafen anlegen, haben spezielle Angebote für Rollstuhlfahrer. Hier gibt es weitere Informationen zu barrierefreiem Reisen:

› www.wato.de/168/afrika-barrierefrei/mauritius-fuer-rollstuhlfahrer.html

Diplomatische Vertretungen

Deutschland, Österreich, Schweiz

› **Botschaft der Republik Mauritius für Deutschland und Österreich,** Kurfürstenstraße 84, 10787 Berlin, Tel. 030 302639360, berlin@mauritius-embassy.de

- **Konsulat von Mauritius in Wien,** Führichgasse 6, 1010 Wien, Tel. 01 5132273, peter.freissler@fpverlag.com
- **Botschaft der Republik Mauritius für Frankreich und die Schweiz,** Rue de Tocqueville 127, 75017 Paris, Tel. 0033 (0)1 42273019, geöffnet: Mo-Fr 9-12.30 Uhr

In Mauritius

- **Deutsches Honorarkonsulat** <155> Route Royale, St. Antoine, Goodlands, Tel. 2837500, germanconsul@intnet.mu
- **Honorarkonsulat der Republik Österreich** <156> MSC House, Old Quay 'D' Road, Port Louis, Postadresse: P.O. Box 60, Port Louis, Tel. 20268001, rene.sanson@msc.mu
- **Konsulat der Schweiz** <157> 24, Avenue des Hirondelles, Quatre Bornes, Tel. 4275507, mauritius@honrep.ch

Ein- und Ausreisebestimmungen

Touristenvisa

Deutsche, Österreicher und Schweizer Bürger brauchen **kein Visum** für die Einreise, wenn sie ein **Rückflug- oder Anschlussflugticket** vorweisen können und im Besitz eines über das Abreisedatum hinaus gültigen **Reisepasses** sowie einer **Unterkunftsreservierung** sind. Für Besucher, die bei Einheimischen zu Gast sind, reicht die Angabe der Unterkunft und der Telefonnummer der Gastgeber in der Regel aus. Reisende aus Cholera- oder Gelbfiebergebieten brauchen eine **Impfbescheinigung.** Bei der Ankunft am Flughafen wird eine Aufenthaltsgenehmigung von bis zu 3 Monaten erteilt. Sicherheitshalber kann man sich bei folgenden Stellen über aktuelle Bestimmungen informieren:

- **Deutschland:** Auswärtiges Amt, www.auswaertiges-amt.de und www.diplo.de/sicherreisen, Tel. 030 18172000
- **Schweiz:** Schweizerisches Departement für Auswärtige Angelegenheiten (EDA), Tel. 031 3238484 oder 24-Stunden-Helpline 0800 247365
- **Österreich:** Bundesministerium für Europäische und internationale Angelegenheiten, www.bmeia.gv.at, Tel. 05 011504411

Visumsverlängerungen

Touristenvisa können in Mauritius für einen Aufenthalt von insgesamt sechs Monaten pro Kalenderjahr im **Passport and Immigration Office** beantragt bzw. verlängert werden. Am besten früh hingehen und das **Formular** zusammen mit einer Liste der gewünschten weiteren Dokumente abholen, denn die Bedingungen werden häufig verändert, was nicht unbedingt auf der Website erwähnt wird. Das Formular kann auch auf der Website der mauritischen Regierung heruntergeladen werden (www.govmu.org).

Üblicherweise benötigen die Behörden den Nachweis von einem bestätigten **Rückreiseticket** und **ausreichenden Geldmitteln.** Verlangt werden 3000 Rupien pro Tag auf einem Bankkonto oder eine Kreditkarte. Im Erdgeschoss des Immigration Office befindet sich ein winziger Laden, in dem man **Fotokopien** machen kann. Es ist empfehlenswert, von allen Dokumenten inklusive Antragsformular und Liste stets eine Extrafotokopie zur Verfügung zu haben und sich den Namen des Beamten, der sie einem gegeben hat, gut zu merken, damit man sich später auf ihn berufen kann.

Passbilder kann man im nächstgelegenen Fotogeschäft an der Pope Hennessy Street machen lassen. Ein gepflegtes Erscheinungsbild ist für das Erhalten einer Visumsverlängerung hilfreich.

- **Passport and Immigration Office** <158>
  9–11 Lislet Geoffrey Street, Sterling House, Port Louis. Die Schalter befinden sich auf dem Zwischengeschoss („Mezzanine"). Geöffnet: Mo–Fr 9–16 Uhr. Mittagspause kann variieren, Wartezeiten sind die Regel.

Devisenbestimmungen

Es dürfen **500.000 Rupien der Landeswährung** eingeführt werden. **Höhere Beträge** sind deklarationspflichtig. Devisen können jedoch in unbegrenzter Höhe eingeführt werden.

Einfuhrbeschränkungen

Drogen und Medikamente

Inselbesucher ab 18 Jahren dürfen folgende Artikel **zollfrei** einführen: 250 Gramm Tabak (dies schließt Zigarren und Zigaretten mit ein), ein Liter Spirituosen, 2 Liter Wein und/oder Bier, ein Viertelliter Eau de Toilette und 100 Milliliter Parfüm.

Gegenstände des täglichen Bedarfs können problemlos mitgebracht werden, aber die **Einfuhr von Pflanzen**, insbesondere Zuckerrohr, und von **Lebensmitteln** unterliegt strengen Regeln und muss zuvor beim zuständigen Ministerium beantragt werden.

Der Besitz von **Drogen** aller Art wird sehr streng bestraft. Hanfprodukte gelten als harte Droge und die Einfuhr von **Zigarettenpapier** und Tabak für Wasserpfeifen ist ebenfalls **nicht gestattet**.

Da neben Fischharpunen und Destilliergeräten auch Produkte, die Opiate enthalten, in Mauritius generell verboten sind, ist es empfehlenswert, **Medikamente** stets in der Originalpackung und zusammen mit dem **Arztrezept** mitzunehmen. Wer sichergehen will, dass sein Medikament auch wirklich legal ist, kann eine Liste der verbotenen Produkte bei der nächsten Botschaft beziehen und sich vorher mit dem Hausarzt absprechen, der eventuell ein Alternativpräparat für die Dauer des Urlaubs verschreiben kann.

Haustiere

Hunde und Katzen mit **Mikrochip** dürfen zwar in Mauritius einreisen, wenn sie auf direktem Flug ins Land gelangen und die vorgeschriebenen Bedingungen der Regierung erfüllen, die **Quarantäne** ist aber leider nach dem erneuten Ausbruch von Tollwut in Europa wieder auf 30 Tage verlängert worden. Neuerdings gilt es auch eine Liste „verbotener" Hunderassen („Banned Breeds") zu beachten.

Da sich die Regelungen häufig ändern, empfiehlt es sich, frühzeitig auf der unten angegebenen Website nachzusehen, umso mehr, als ein Antrag auf die Mitnahme von Haustieren drei Monate vor Abreise gestellt werden muss. Genaue Bestimmungen findet man hier:
› www.pettravel.com/immigration/ mauritius.cfm

Rückreise nach Europa

Bei der Rückreise nach Europa dürfen **350 Rupien** ausgeführt werden. Von der Mitnahme von **exotischen Souvenirs** aus Muscheln und anderen Tierprodukten wie Schildkrötenpanzern **ist generell abzuraten**, auch wenn der Verkäufer das Gegenteil versichert und ein Exportzertifikat ausfüllt.

Oft ist die Einfuhr solcher Produkte im Heimatland verboten und es ist in besonderen Fällen sogar mit saftigen Geldbußen zu rechnen. Die Einfuhrbeschränkungen der jeweiligen Länder können direkt abgefragt werden unter:

› www.zoll.de, Tel. 035144834510
› www.ezv.admin.ch, Tel. 0612871111
› www.bmf.gv.at, Tel. 0151433564053

Elektrizität

Die **Stromspannung** beträgt 200 bis 240 Volt/50 Hertz. Die **Steckdosen** entsprechen dem englischen oder europäischen Format, sie sind eckig und dreipolig oder rund und zweipolig.

Adapter sind unbedingt erforderlich, vor allem für die dreipoligen Schweizer Stecker. Manche Hotels stellen ihren Gästen Adapter zur Verfügung, aber es empfiehlt sich, besonders wenn man in kleineren Hotels oder Ferienwohnungen zu Gast ist, vorzusorgen. Es gibt aber auch vor Ort Adapter zu kaufen: In größeren Geschäften oder im Baumarkt (*Quincaillerie,* gibt es in jeder Ortschaft) findet man Adapter für europäische Stecker in Hülle und Fülle, aber leider nicht für das Schweizer Format.

Die **Stromversorgung** auf Mauritius und Rodrigues ist im Allgemeinen recht gut und in den Hotels definitiv besser als im Rest der Insel. Hotels und größere Lodges haben eigene Generatoren, sodass auch während der tropischen Wirbelstürme die Stromversorgung gewährleistet ist.

Film und Foto

Die Menschen von Mauritius und Rodrigues sind generell freundlich und gern bereit, sich ablichten zu lassen, vor allem, wenn sie vorher **höflich gefragt werden.** Es kann durchaus auch vorkommen, dass man von Einheimischen gebeten wird, für sie zu posieren, besonders wenn man mit Kindern unterwegs ist.

An den **Flughäfen**, rund um **Militäranlagen**, bei **Kasernen** und auch am **Hafen** ist das Fotografieren **nicht erlaubt.**

In Mauritius gibt es in fast allen Einkaufszentren ein Fotofachgeschäft, wo man sich seine Urlaubsbilder auf CD brennen oder ausdrucken lassen kann. **Fotozubehör** ist in Mauritius leicht erhältlich, sofern es sich nicht um ausgefallene Spezialartikel handelt. In Rodrigues sind Urlauber jedoch gut beraten, sich vorher gut einzudecken, auch mit Batterien. Fotoartikel sind grundsätzlich auf beiden Inseln teurer als in Europa.

Geldfragen

Die mauritische Währung ist die **Mauritius-Rupie (Rupee, MUR)** und wurde im Jahr 1877 von den Engländern eingeführt, um die von der massiven Einwanderungswelle aus Indien verursachte Schwemme an indischen Rupien abzufangen. Sie ersetzte die

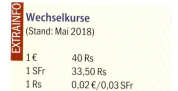

EXTRAINFO

Wechselkurse
(Stand: Mai 2018)

1 €	40 Rs
1 SFr	33,50 Rs
1 Rs	0,02 €/0,03 SFr

> **EXTRAINFO**
>
> **Geld abheben in Mauritius**
> Viele Banken sperren die Debitkarten (auch **Girocard** genannt) aus Sicherheitsgründen für den Einsatz im außereuropäischen Ausland oder beschränken den Verfügungsrahmen. Außerdem statten einige deutsche Banken ihre Debitkarten mit der Bezahlfunktion **V PAY** aus, bei der nicht der kopierbare Magnetstreifen, sondern der Chip ausgelesen wird. Das hat zur Folge, dass an Bankautomaten in Mauritius mit solchen Karten kein Geld gezogen werden kann, da die Automaten die Chips nicht lesen können.
>
> Wer im Ausland mit seiner Debitkarte bezahlen oder Bargeld abheben möchte, sollte sich im Vorfeld bei seiner Bank erkundigen und die Karte ggf. für das Reiseland freischalten lassen.

indische Rupie, das Pfund Sterling und den Mauritius-Dollar. Die gängige **Abkürzung** bei Preisangaben ist Rs. Im Jahr 1987 wurde auf den Münzen das Konterfei der englischen Königin durch das des ersten mauritischen Premierministers Sir Seewoosagur Ramgoolam ersetzt. Heute existieren **Münzen** von 1, 5, 10 Cents und ½ Rupie sowie 1, 5, 10 und 20 Rupien und **Banknoten** zu 25, 50, 100, 200, 500, 1000 und 2000 Rupien. Die 100- und 500-Rupien-Noten sehen sich etwas ähnlich und es lohnt sich vor allem beim Trinkgeldgeben aufzupassen, dass man sie nicht miteinander verwechselt.

Seit 2013 wird das alte Papiergeld durch Scheine aus Polymer ersetzt. Die **neuen Geldscheine** sind sauberer und halten im tropischen Klima länger. Sie fühlen sich etwas ungewohnt an und haben eine durchsichtige Stelle, an der sich das Wasserzeichen befindet. Keine Angst, es ist kein Falschgeld. Bislang sind vor allem 500- und 25-Rupienscheine aus Polymer im Umlauf.

Die meisten größeren Läden und Restaurants und fast alle Supermärkte auf **Mauritius** akzeptieren **Kreditkarten**, aber in kleineren Ortschaften, urigen Lokalen und winzigen Shops ist es klar, dass man nur **bar bezahlen** kann. Im Zweifelsfall vorher fragen oder nachschauen, ob ein Aufkleber an der Ladentür angebracht ist. Die gängigen Kreditkarten sind VISA und Master Card. In Mauritius ist die nächste Bank eigentlich nie weit weg, außer in Chamarel und auf der Hochebene.

Auf **Rodrigues** gilt **Bargeld** nach wie vor als Hauptzahlungsmittel und es gibt auf der Insel lediglich zwei Geldautomaten (ATM). In den größeren **Hotels** kann man auch in Rodrigues problemlos mit Kreditkarten zahlen, die überdies auf allen Inseln einen sehr guten Wechselkurs bieten.

Beim **Wechseln** von **Traveller Checks** und Bargeld ist ein Reisepass erforderlich. Die mauritischen Banken arbeiten äußerst professionell und schnell. Geld kann mit europäischen Kredit- und Bankkarten (außer V Pay, s. l.) sowie der Schweizer Postcard auch am **Geldautomaten** gezogen werden. Verbreitet sind die Systeme Maestro und Mr. Best. Um hohe Gebühren zu vermeiden, sollte man sich vor der Abreise über die mauritische Partnerbank seiner Kreditkartenfirma oder Bank informieren.

Geld überweisen kann man am günstigsten und schnellsten online oder natürlich per Western Union (24 Stunden), wo man es in Filialen oder Partneragenturen in den Städten Quatre Bornes, Mahébourg, Curepipe, Port Louis oder Grand Bay gleich bar in Empfang nehmen kann.

Geldfragen

Kosten

Mauritius haftet der Ruf der 5-Sterne-Insel hartnäckig weiterhin an, obwohl es in den letzten Jahren eine Wende gab und man heute neben Luxushotels und edlen Strandhäusern eine ganze Reihe von Bungalows, Lodges und Ferienwohnungen findet, die auch für Reisende mit kleinem Budget interessant sind. Einige Hotels und große Fluggesellschaften bieten in der Zwischensaison mit **Pauschalangeboten**, die auch die Reise beinhalten, ein exzellentes Preis-Leistungs-Verhältnis und es lohnt sich, vor der Buchung auf solche Spezialangebote zu achten.

Im Studio, einer Ferienwohnung oder einem Miethaus zu wohnen und sich selbst zu verpflegen, ist vor allem für Familien oder Gruppen eine kostengünstige Alternative, die sich jedoch nur dann lohnt, wenn man beim **Einkaufen** auf die Preise achtet. Europäische Artikel können nämlich exorbitant teuer sein. Dafür werden Produkte aus Südafrika, Australien, Indonesien und Indien zu einem Bruchteil des Preises angeboten. Hier

auch gut und günstig. Manche Hotels verlangen für Mineralwasser astronomische Preise. Der Einkauf im nächstgelegenen Laden lohnt sich enorm.

Wohnen zum Sparpreis kann man zum Beispiel in Tamarin im Guest House Chez Jacques (s. S. 54) und in Rodrigues in einer der vielen Pensionen, die auf der Liste des Verkehrsvereins aufgeführt sind (s. S. 68).

△ *Preiswertes Einkaufen auf dem Markt von Mahébourg* ㉓

Mauritius preiswert

*Die Besichtigung der **Kirchen** und **Tempel** ist kostenlos, aber eine kleine Geldspende wird gerne angenommen. Die **staatlichen Museen** wie das National History Museum* ㉔ *in Mahébourg, das Naturhistorische Museum (Mauritius Institute, s. S. 13) in Port Louis und das Fredrik Hendrik Museum* ㉒ *in Old Grand Port kann man genau wie den **Botanischen Garten von Curepipe*** ㊽ *ebenfalls zum Nulltarif besichtigen.*

*Das ganze Jahr hindurch finden in Rodrigues und Mauritius zahlreiche **Feste** (s. S. 88) und **Zeremonien** statt. Die Einheimischen lassen Besucher gerne daran teilnehmen. Es lohnt sich, vor Ort zu fragen und gegebenenfalls Erkundigungen einzuholen, wann die Prozession oder der Umzug vorüberzieht.*

*Die **günstigsten Einkäufe** macht man, indem man auf die Preise guckt. Gerade bei Getränken und Gesundheitsprodukten ist der Unterschied massiv. Auf dem **Markt** kauft man Gemüse und Früchte zum besten Tarif und isst*

gilt es, sich umzusehen und zu kaufen wie die Einheimischen, die den Markt dem Einkaufszentrum vorziehen. Wenn man in einem Bungalow am Meer wohnt, bringen Fischhändler jeden Tag frischen Fisch zum reellen Preis an die Haustür.

Man verpflegt sich auch äußerst kostengünstig an den zahlreichen **Snackbars** oder kauft von den **fliegenden Händlern**, die zur Mittagszeit in allen Stadt- und Dorfzentren sowie an den Stränden schmackhafte und unbedenklich essbare Inselspezialitäten für weniger als 2 Euro anbieten.

Restaurants gibt es in allen Kategorien, aber es lohnt sich, einen Blick in die bei bekannten Restaurants meist außen angeschlagene Speisekarte zu werfen, bevor man sich spontan für ein Lokal entscheidet.

In Touristenorten wie Grand Bay oder Flic en Flac, an der Hafenpromenade in Port Louis, in der Nähe bekannter Attraktionen und auf der Insel Rodrigues sind die Restaurants etwas teurer.

Gesundheitsvorsorge und Hygiene

Seit die Engländer die Malaria ausgerottet haben, gibt es auf Mauritius **keine gefährlichen Krankheiten** mehr. Es empfiehlt sich jedoch, kein **Leitungswasser** zu trinken, da es, um Seuchen vorzubeugen, **stark mit Chlor versetzt** ist. Man kann sich damit aber die Zähne putzen und muss auch zum Waschen von Früchten oder Gemüse nicht auf Mineralwasser ausweichen.

Für Besucher aus Europa sind keinerlei Impfungen erforderlich. Die Außenministerien der europäischen Länder raten jedoch, das Datum der letzten **Tetanus- und Polio-Impfung** abzuchecken und diese gegebenenfalls aufzufrischen. Auch die Hepatitis-A-Impfung – und bei Risikogruppen die Hepatitis-B-Impfung – wird von den Konsulaten empfohlen.

Hygiene

Die **Unterkünfte** in Mauritius und Rodrigues werden regelmäßig geputzt, weisen aber – außer bei den Häusern der Luxusklasse – nicht ganz den **Sauberkeitsgrad** auf, den wir von Europa her gewöhnt sind. Aber der Standard ist doch erheblich höher als in Afrika oder Indien und WC/Dusche gehört zur Grundausrüstung für Touristenunterkünfte aller Art.

Klopapier gehört allerdings nicht immer zu den lokalen Gepflogenheiten und man findet auf **öffentlichen Toiletten** stattdessen häufig eine Handbrause. Eine Rolle Klopapier in der Handtasche oder im Handschuhfach des Mietwagens mitzuführen, ist deshalb eine gute Sache.

Feuchttücher sind ebenfalls sehr nützlich, denn die Hygiene mancher öffentlicher Klos und auch der Busse lässt sehr zu wünschen übrig. Tipp: In den meisten Shoppingzentren befinden sich moderne und bestens ausgerüstete Toiletten. Auf Rodrigues sind die öffentlichen Toiletten meistens einfach, aber sauber und gepflegt. Hygiene- und Toilettenartikel gibt es auf beiden Inseln überall zu kaufen.

Das **Händewaschen** ist nach einem Kontakt mit klebrigen Bussitzen und vor allem den charmanten Straßenhunden oder -katzen sehr wichtig, denn manche von ihnen haben Hautkrankheiten wie Räude oder Ringwurm.

Gesundheitsvorsorge und Hygiene

Ortstypische Krankheiten

Chikungunya

Vor einigen Jahren als regelrechte Epidemie auf die Insel gekommen, tritt es heute immer wieder mal vereinzelt auf: Chikungunya ist eine tropische Infektionskrankheit, die durch die tag- und nachtaktive Aedes- oder Tigermücke übertragen wird. Die Krankheit verursacht hohes Fieber und in manchen Fällen Schwellungen an den Gelenken. Sie verläuft bei gesunden Personen ohne Komplikationen, kann jedoch im Nachhinein zu arthritisartigen Gelenkschmerzen und Steifheit vor allem der Fußgelenke führen. Eine Therapie oder Impfung ist nicht bekannt. Der beste Schutz ist, sich nicht von den Mücken stechen zu lassen. Die meisten Hotels lassen ihre Gärten regelmäßig besprühen und bieten auch in den Zimmern Mückenspiralen, Verdampfer oder Moskitonetze an. Es empfiehlt sich aber, Anti-Mücken-Mittel mitzubringen oder vor Ort zu kaufen.

Denguefieber

Zu den meistverbreiteten fieberhaften Infektionen gehört das Denguefieber, welches ebenfalls von der Aedes-Mücke übertragen wird. Es verursacht Fieber, schwere Kopf- und Muskelschmerzen, oft ergänzt von Bauchschmerzen und Erbrechen sowie ängstlich-depressiven Verstimmungen. Nach ein paar Tagen sinkt das Fieber plötzlich, meldet sich nach ein bis zwei Tagen mit Hautausschlag zurück und dauert einige Tage an, bis die Symptome plötzlich abklingen. In vereinzelten Fällen hält die depressive Verstimmung einige Wochen an. **Wichtig:** Denguefieber darf nicht mit Aspirin oder anderen azetylsäurehaltigen Produkten behandelt werden.

Magen-Darm-Probleme

In der Regel braucht unser Körper eine Weile, bis er sich an fremdartige Speisen, tropische Hitze und lockere hygienische Bedingungen angepasst hat. Andersartige Bakterien im Wasser und in den Nahrungsmitteln, ungewohnte Gewürze und exotische Zubereitungsarten belasten den Verdauungsapparat und können zu Blähungen, Bauchweh und Durchfall führen.

In vielen Fällen klingen Erkrankungen dieser Art nach wenigen Tagen von allein wieder ab und es sind keine speziellen Durchfallmittel erforderlich. Wichtig ist, dass man viel trinkt, um den Flüssigkeitsverlust auszugleichen. Auf Mauritius verordnen einem Freunde und Bekannte immer gleich „Serum": mit Salz und Zucker angereichertes Wasser, was in etwa dem berühmten „Cola mit Salzstangen" entspricht. Bei länger als zwei Tage anhaltendem oder blutigem Durchfall sollte sofort ein Arzt konsultiert werden. Bei Brechdurchfall sofort den Arzt oder das nächstgelegene Krankenhaus aufsuchen, vor allem, wenn man vorher Meerestiere gegessen hat.

Hautpilze

Diese gedeihen im tropischen Klima besonders gut, man kann sich praktisch überall damit anstecken und sie jucken an den Körperstellen, an denen man schwitzt: also unter den Armen, zwischen Zehen und Beinen, aber auch schon mal im Nacken. Hier hilft eine gute Körperhygiene: öfter duschen und sich gut abtrocknen. Vorsichtige Inselbewohner verwenden zur Prophylaxe antiseptische oder ayurvedische Körperpuder, die man in den meisten Apotheken kaufen kann.

Sonnenbrand

Einen Sonnenbrand kann man sich in den Tropen auch im Schatten holen oder dann, wenn man die Sonne hinter Dunstwolken versteckt glaubt. Eincremen ist wichtig, rechtzeitig eincremen besser und die Zeit zwischen 11 und 15 Uhr verbringt man am besten im Schatten. Man muss sich bewusst sein, dass die Haut eine gewisse Toleranzgrenze für Sonnenbestrahlung hat, und wenn diese überschritten ist, verbrennt man sich trotz Schutzcremes und Lotionen.

Erkältungen

Es mag seltsam klingen, aber Erkältungen treten in den Tropen relativ häufig auf, weil man es oft nicht wahrnimmt, dass der Körper nach starkem Schwitzen im Schatten und Wind zu schnell abkühlt. Manchmal werden Erkältungen auch von voll aufgedrehten Klimaanlagen verursacht oder vom Wind auf dem Boot nach dem Aufenthalt im Wasser. Wichtig ist, immer etwas zum Überziehen dabei zu haben, denn Erkältungssymptome sind im heiß-feuchten Tropenklima besonders unangenehm.

Informationsquellen

Infostellen zu Hause

› **Mauritius Tourism Promotion Authority**, c/o Aviareps Tourism GmbH, Josephspitalstrasse 15, 80331 München, Tel. 089 552533825, www.tourism-mauritius.mu
› **Mauritius Tourism Switzerland**, c/o Aviareps GmbH, Badenerstrasse 15, 8004 Zürich, Tel. 044 2869956, www.tourism-mauritius.mu
› In **Österreich** existiert noch kein mauritisches Fremdenverkehrsamt.

Infostellen auf den Inseln

Die folgenden Infostellen der MTPA (Mauritius Tourism Promotion Authority) bieten Beratung und Dienste für Inselbesucher, Landkarten und Prospekte der verschiedenen Anbieter. Man kann hier aber keine Ausflüge und Aktivitäten buchen.

■ **MTPA Tourism Office (Port Louis)** <159>
   4–5th Floor, Victoria House, St. Louis Street, Port Louis, Tel. +230 2031900
› **MTPA-Büro am Flughafen** <160>
   Tel. +230 6373635
› **MTPA Rodrigues** <161> Rue de la Solidarité, Port Mathurin, Tel. +230 8320866/7

Mauritius und Rodrigues im Internet

› **www.tourism-mauritius.mu**: offizielle Website der Mauritius Tourism Promotion Authority mit Infos und Event-Kalender. Auch Infos zu Rodrigues.
› **www.info-mauritius.com**: deutsches Forum zum Austausch, für Inspiration und Informationen
› **www.restaurants.mu**: Verzeichnis von Restaurants, Klubs und Läden (Englisch)

Mauritius-Apps

› **Mauritius Offline-Karte** (kostenlos für Android) und **Mauritius Offline Map Travel Guide** (4,49 € für iOS): Apps mit Offline-Karte und Infos zu Sehenswürdigkeiten etc.
› **Radio Mauritius** (kostenlos für Android) Mit dieser Sammlung von Radiostationen genießt man überall „Livemusik".

Publikationen und Medien

Auf beiden Inseln werden vom Tourismusbüro und privaten Anbietern kostenlose **Werbebroschüren** in Englisch und Französisch abgegeben. Diese enthalten vor allem Informationen zu Hotels, Restaurants und Shopping, manchmal aber auch brauchbare Infos zum aktuellen Geschehen auf den Inseln. Die Landkarten in diesen Broschüren sind allerdings nicht sehr genau und dienen mehr der Unterhaltung als der geografischen Beschreibung. Mauritius **Islandinfo** heißt die bekannteste englische Version, **Le Guide Des Bons Plans** die französische.

Die besten **Tageszeitungen** sind Le Mauricien, L'Express und Le Matinal, die am meisten gelesene Zeitung ist aber die etwas unter der Gürtellinie liegende Le Défi. L'Express erscheint in einer speziellen Auflage auch auf der Insel Rodrigues.

Englische Zeitungen gibt es nur wöchentlich, die bekannteste ist die jeweils am Donnerstag erscheinende Weekly. Am Samstag erscheint die zweisprachige Weekend, die zur beliebtesten Wochenendlektüre der Inselbevölkerung gehört.

Seit einigen Jahren hat die Insel auch ein **Hochglanz-Frauenmagazin**: L'Essentielle erscheint monatlich und bringt eine erfrischend ausgewogene Mischung an News, Mode und Kochrezepten für die unterschiedlichen Bedürfnisse der Leserinnen. Ein Phänomen in der doch noch sehr von Männern dominierten Inselwelt.

Meine Literaturtipps

› *J.M.G. Le Clézio: „**Ein Ort fernab der Welt**", Kiepenheuer & Witsch, 2000. Eine Familiengeschichte aus Mauritius' bewegter Vergangenheit.*
› *Mohamed Nader Asfahani: „**Mauritische Küche**", im Eigenverlag, 1993. Der Dauerbrenner exotischer Rezepte. Liebe geht durch den Magen – Fernweh auch!*
› *Lindsay Collen: „**Sita und die Gewalt**", Rowohlt, 1997. Heiß umkämpft und hoch gelobt: Das einst vom Premierminister persönlich zensierte Buch von einer starken Frau über eine starke Frau im Wandel der Gesellschaft.*
› *Jean Claude De L'Estrac: „**Next Year in Diego Garcia**", Elp Publications, 2011. Die Geschichte der vergessenen Bevölkerung des Atolls, über das die Großmächte lieber nicht sprechen würden, vom berühmten Journalisten und ehemaligen Minister.*

Internet

Mauritius hat sich vor einigen Jahren den Zweitnamen **Cyber Island** zugelegt und dementsprechend aufgerüstet: Internetverbindungen und Dienstleistungen sind hervorragend!

Seitdem nach den großen Hotels auch die winzigsten Studios und Touristenunterkünfte ihren Gästen **freien Zugang ins Netz** bieten, sind die Internetcafés in Mauritius etwas rar geworden. Gleichzeitig hat auch die Post aufgerüstet und in größeren Poststellen gebührenpflichtige **Cyber-Bereiche mit PCs** eingerichtet, die von den Einheimischen rege benutzt werden.

Kostenloses WLAN gibt es im gesamten Bereich des **Caudan Waterfront** in Port Louis (s. S. 16). Gratis-WLAN bei Kaffee und Kuchen oder einer kleinen Mahlzeit gibt es im charmanten Ambiente des kleinen Restaurants **Coffee Garden** in Pointe aux Cannoniers. Der Provider Telecom bietet in allen seinen Shops kostenlosen Internetzugang.

In **Rodrigues** gibt es Internetverbindungen in den Hotels und einigen Guest Houses. Zwei Internetcafés in der Hauptstadt Port Mathurin bieten ebenfalls ihre Dienste an: Rodnet und Cyber Logistics. Beide haben tagsüber geöffnet.

Auf den Inseln gibt es **zwei Hauptanbieter** für Telefon und Internet: Die Telecom hat Niederlassungen in jedem größeren Dorf und einen riesigen Hauptsitz im Telecom Tower an der Edith Cavell Street in Port Louis ❶.

Emtel ist ein innovatives lokales Unternehmen, welches interessante Tarife und mobile 4G-Modem-Stecker anbietet, jedoch per Byte abrechnet und eine beschränkte Gültigkeitsdauer für die Abos hat. Die Hauptniederlassung liegt in der Cyber City ❷ bei Ebène.

Internetcafés auf Mauritius und Rodrigues:
› **Coffee Garden** <162> Coastal Road, Pointe aux Cannoniers, Mauritius
› **Rodnet** <163> Rue François Leguat, Port Mathurin, Rodrigues
› **Cyber Logistics** <164> Rue Max Luccesi, Port Mathurin, Rodrigues

Kostenfalle Datenroaming

Viele Reisende nutzen auch im Ausland eine **mobile Datenverbindung**. Dies ist jedoch häufig mit hohen Kosten verbunden. Man sollte daher vor der Reise bei seinem Netzbetreiber Informationen über evtl. günstigere Auslandsdatenpakete einholen oder zur Sicherheit die Mobile-Daten-Option deaktivieren und nur über kostenlose WLAN-Netze ins Internet gehen.

Maße und Gewichte

Seit 1987 herrscht das **metrische System** wie in Europa und der Schweiz, welches auch an der Schule gelehrt wird. **In der Praxis** wird jedoch häufig noch in **englischen Längenmaßeinheiten** von Fuß, Zoll und Yard gerechnet und auch **alte französische Maße** werden rege benutzt.

Medizinische Versorgung

Bei auftretenden Krankheiten können sich Hotelgäste auf den Inseln an die Rezeption wenden. Dort wird man sie an die nächstgelegene Arztpraxis oder die hoteleigene Krankenstation verweisen.

Mauritius

In Mauritius unterscheidet man zwischen zwei Arten von Krankenhäusern: denjenigen der Regierung (**Government Hospital**) und den **Privatkliniken**. Die von der Regierung finanzierten und der Bevölkerung und auch den Inselbesuchern kostenlos zur Verfügung gestellten Krankenhäuser sind nicht dem europäischen Standard gemäß ausgerüstet. Die Privatkliniken hingegen sind sowohl technisch als auch vom Personal her auf dem neuesten Stand, aber kostenpflichtig.

Leider ist es in den letzten Jahren so oft passiert, dass Patienten verschwanden, ohne die Rechnung zu begleichen, dass sich manche Privatkliniken vor der Behandlung eine **Vorauszahlung** für ihre Dienste geben lassen. Welchen Prozentsatz der Patient dann nach der Rückkehr ins Heimatland zurückerstattet bekommt, hängt von der Art seiner Versicherung ab. Es empfiehlt sich, eine **Reisekrankenversicherung** abzuschließen und sich vorher über alle Modalitäten zu informieren.

Privatkliniken
- **Clinique du Nord** <165> Route Royale, Tombeau Bay, Telefon 2472532, 24-Stunden-Ambulanzdienst
- **Fortis Klinik Darné** <166> Georges Guibert Street, Floréal, Tel. 6012300. Eine der bestausgestatteten Privatkliniken von Mauritius. Sie liegt sehr zentral und kann von allen Teilen der Insel aus in weniger als einer Stunde erreicht werden.
- **Fortis Tages-Klinik Darné** <167> La Croisette, Grand Bay, Notfall-/Ambulanz-Tel. 118 (rund um die Uhr)
- **Wellkin Hospital** <168> Moka, Tel. 6051000, www.wellkin.com

Government Hospitals
- **Victoria Hospital** <169> Candos, Quatre Bornes, Telefon 4253031. Das Krankenhaus mit Unterdruckkammer, Blutbank und Notaufnahme liegt an der Hauptverkehrsstraße zwischen Vacoas und Quatre Bornes. Die Leistungen sind auch für Touristen kostenlos.

Apotheken
Apotheken sind in allen größeren Ortschaften zu finden und in der Regel gut ausgerüstet. Manchmal werden statt europäischen gleichwertige Medikamente und Hygieneartikel aus Indien, Malaysia oder China angeboten, oft hat der Kunde die Wahl.
- **St. Jean Pharmacy** <170> St. Jean Avenue, Quatre Bornes, Mauritius, geöffnet Mo.–Fr 7.30–20.30 Uhr, Sa. 8–20 Uhr, So. 8–12.15 Uhr, Tel. 4647571. Zentrale Apotheke auf Mauritius, an allen Wochentagen offen.

Rodrigues
In Rodrigues gibt es in der Nähe von Port Mathurin ein Krankenhaus und in La Ferme sowie Mont Lubin je eine ärztlich betreute Krankenstation, aber **keine Privatklinik**. Nach Unfällen oder bei gesundheitlichen Problemen, die einen Krankenhausaufenthalt erfordern, sollte man deshalb darauf bestehen, unverzüglich nach Mauritius überführt zu werden. Es gibt zudem nur eine einzige, in der Hauptstadt Port Mathurin gelegene Apotheke.
- **Port Mathurin Pharmacy** <171> Rue de la Solidarité, Port Mathurin, Rodrigues, Tel. 812279. geöffnet: Mo–Fr 7.30–16.30, Sa 7.30–15, So 7.30–11 Uhr. Dies ist die einzige Apotheke auf Rodrigues.
- **Queen Elisabeth Hospital** <172> Crève Coeur, Rodrigues, Tel. 8311628. Das größte Krankenhaus von Rodrigues existiert seit 1959 und behandelt Patienten kostenlos.

Mit Kindern unterwegs

Wer den langen Flug nicht scheut, genießt auf den Inseln Erholung pur, während die Kinder **super betreut** werden. Vorbei sind die Zeiten, wo die Kids im Minipool begleitet von einer Kindergärtnerin vor sich hinlümmelten, heute ist Action angesagt. Dynamische, bestens ausgebildete **Animateure** arbeiten in den Kinderklubs, mit denen fast alle **Hotels** ausgestattet sind. Die Kleinen haben die Wahl zwischen kreativer Beschäftigung über Kurse in allen möglichen Sportarten bis hin zu Safaritouren, Kids-Disco und PADI-Anfängertauchen.

Da die **Mahlzeiten** in den Hotels meistens vom Büffet gewählt werden

Notfälle

Bei **Verlust des Passes** oder anderen Notfällen ist eigentlich die **Touristenpolizei** zuständig. Diese ist in sechs Bezirke aufgeteilt. Natürlich können Touristen bei Notfällen auch die nächstgelegene „normale" **Polizeidienststelle** aufsuchen. Die zentrale Dienststelle in Port Louis auf **Mauritius** befindet sich in der Pope Hennessy Street. In **Rodrigues** befindet sich die Hauptwache der Polizei in der Rue Max Lucchesi in Port Mathurin. Leider haben sich die Notfallnummern der Touristenpolizei nicht bewährt. Die Autorin rät deshalb, im Notfall den **Polizeinotruf 148** zu wählen. Weitere Informationen findet man auf der Website der Polizei: http://police.govmu.org.

- **Polizei Dienststelle Mauritius** <173>
  Pope Hennessy Street, Port Louis
- **Polizei Dienststelle Rodrigues** <174> Rue Max Lucchesi, Port Mathurin

Kartensperrung

Bei **Verlust der Debit/Giro-, Kredit-** oder **SIM-Karte** gibt es für Kartensperrungen eine **deutsche Zentralnummer** (unbedingt vor der Reise klären, ob die eigene Bank bzw. der jeweilige Mobilfunkanbieter diesem Notrufsystem angeschlossen ist). **Aber Achtung:** Mit der telefonischen Sperrung sind die Bezahlkarten zwar für die Bezahlung/Geldabhebung mit der PIN gesperrt, nicht jedoch für das **Lastschriftverfahren mit Unterschrift.** Man sollte daher auf jeden Fall den Verlust zusätzlich **bei der Polizei zur Anzeige bringen**, um gegebenenfalls auftretende Ansprüche zurückweisen zu können.

In **Österreich** und der **Schweiz** gibt es keine zentrale Sperrnummer, da-

können, haben Kinder auch keine Probleme mit scharf gewürztem Essen. In manchen Hotels gibt es spezielle Kinderspeisekarten und Junior-Dinnerpartys. Es ist sinnvoll, bei der Auswahl des Hotels die angebotenen Aktivitäten für Kinder zu prüfen.

Die **Supermärkte** und **Apotheken** auf der Insel Mauritius führen die meisten der in Europa gängigen Baby- und Kleinkinderartikel im Sortiment, sodass diese nicht extra mitgeschleppt werden müssen. Auch europäische Babynahrung ist problemlos erhältlich.

Auch wer nicht im Hotel, sondern lieber privat unterkommen möchte, profitiert beim Buchen von Ferienwohnungen oder Häusern von einer Reihe von Dienstleistungen, die fast immer auch **Babysitten** beinhalten. Manchmal kostet dieser Dienst zusätzlich und die Kinderbetreuerin bekommt gewöhnlich die Transportkosten vergütet, denn die öffentlichen Verkehrsmittel stellen ihre Dienste schon relativ früh am Abend ein.

Rasant die Inseln von oben entdecken: mit Ziplines (s. S. 85)

> **Notfallnummern**
> **Mauritius**
> › **Polizei-Notruf:** Tel. 148
> › **Notruf SAMU** (Medizinische Notfälle): Tel. 114
> › **Feuerwehr:** Tel. 115
> › **Küstenwache:** Tel. 2122747
> › **Ambulanz (Klinik Darné):** Tel. 118
> › **Ambulanz (Klinik Du Nord):** Tel. 2471056
> › **Dekompressionskammer Victoria Hospital:** Tel. 4275131
>
> **Rodrigues**
> › **Polizei Port Mathurin:** Tel. 8311536
> › **Ambulanz/Krankenhaus Queen Elizabeth:** Tel. 8321500
> › **Feuerwehr:** Tel. 115
> › **Küstenwache:** Tel. 8312182

her sollten sich Besitzer von in diesen Ländern ausgestellten Debit- oder Kreditkarten vor der Abreise bei ihrem Kreditinstitut über den zuständigen Sperrnotruf informieren.

Generell sollte man sich immer die **wichtigsten Daten** wie Kartennummer und Ausstellungsdatum **separat notieren**, da diese unter Umständen abgefragt werden.
› **Deutscher Sperrnotruf:** Tel. +49 116116 oder Tel. +49 3040504050
› **Weitere Infos:** www.kartensicherheit.de, www.sperr-notruf.de

Öffnungszeiten

Die **Banköffnungszeiten** sind Montag bis Donnerstag von 9.15 Uhr bis 15.15 Uhr und am Freitag von 9.15 bis 17 Uhr. Einzelne Bankfilialen haben auch am Samstagvormittag geöffnet.

Auf Mauritius gibt es keine einheitlichen **Ladenöffnungszeiten**. Läden und Supermärkte haben generell von Mo bis Sa zwischen 9 und 18 Uhr geöffnet, große Supermärkte wie Jumbo oder Super U öffnen später, bleiben dann aber durchgehend bis um 20 oder sogar 21 Uhr offen. Am Donnerstagnachmittag haben manche Geschäfte geschlossen. Am Sonntag haben die großen Supermärkte den ganzen Tag geöffnet und kleinere Läden auf dem Land teilweise bis mittags.

Amtsstellen wie die Einwanderungsbehörde in Port Louis haben generell von 9 bis 16.30 Uhr und am Sa von 9 bis 12 Uhr offen, machen aber eine Mittagspause, die von Büro zu Büro verschieden ausfallen kann und oft mit handgeschriebenen Notizzetteln angegeben ist. Früh am Schalter zu sein, lohnt sich.

Auf **Rodrigues** sind die Ladenzeiten erheblich kürzer und die Straßen von Port Mathurin nach 16 Uhr so gut wie leer.

Die **Banken** in Mauritius und Rodrigues sind generell von 9.15 bis 15.15 Uhr geöffnet, am Freitag von 9.15 bis 17.00 Uhr. **Postämter** haben in der Woche von 8 bis 11 und 12 bis 16 Uhr und am Sa von 9 bis 11 Uhr offen.

Märkte beginnen auf allen Inseln zwar schon ab 6 Uhr, aber die Stände sind vor allem auf Mauritius erst gegen 8 Uhr zum Verkauf bereit. Früh zu kommen, lohnt sich auf jeden Fall, wenn man frisches Obst und Gemüse einkaufen will.

Die Öffnungszeiten der **Restaurants** variieren je nach Lage. In Chamarel und Pamplemousses haben Restaurants in der Regel nur mittags geöffnet, in Touristenorten wie Flic en Flac oder Grand Bay bis mind. 22 Uhr.

Klubs und Diskotheken öffnen zwischen 22 und 23.30 Uhr und schließen erst nach Sonnenaufgang. Am Vorabend von Wahltagen wird für die einheimische Bevölkerung kein Alkohol ausgeschenkt und auch die Läden dürfen keine alkoholhaltigen Getränke verkaufen.

Post

Die Post ist beim Versenden von Briefen und Paketen eigentlich ziemlich zuverlässig. Allerdings geschieht es manchmal, dass Briefe aus dem Ausland, die alle vom Flughafen über die Zentralpoststelle in Port Louis kommen, unterwegs hängenbleiben.

Am Postschalter bezieht man seine **Briefmarken**, bezahlt den Betrag und klebt die Marken anschließend selbst auf die Korrespondenz, welche dann in den Briefkasten neben dem Schalter gesteckt wird. Das Übersee-Porto für eine Postkarte in Normalgröße beträgt 18 Rs, für Briefe und übergroße Postkarten 31 Rs.

Pakete aus dem Ausland landen generell in Port Louis bei der Hauptpost. Diese sendet dann, je nach Größe und Wert der Sendung, eine Abhol- oder Weiterleitungseinladung. Am besten ist es, sich das Paket auf die nächstgelegene Poststelle weiterschicken zu lassen, denn die Zentralpoststelle in Port Louis ist meistens total überfüllt und extrem stickig. Außerdem gibt es kaum Parkplätze und oft lauert irgendwo auf dem Weg dahin auch noch ein massiver Verkehrsstau. Pakete werden in der Regel vom Zoll kontrolliert und der zu entrichtende Betrag, um sie auszulösen, ist auf dem Abholformular angegeben.

› **Postfiliale Curepipe** <175>
  Arcade Salaffia, Curepipe
› **Postfiliale Quatre Bornes** <176>
  Pope Hennessy Street, Quatre Bornes
› **Postfiliale Mahébourg** <177> Ecke Main Road und Mariannes Street, Mahébourg
› **Hauptpost Port Mathurin** <178>
  Rue Mann, Port Mathurin

Sicherheit

Innerhalb den letzten Jahre hat Mauritius eine rasante Entwicklung durchgemacht. Auf der einen Seite wurde der Inselbevölkerung dadurch ein gewisser Wohlstand zuteil, andererseits stiegen die Lebenskosten steil an. Touristen brachten einen neuen, aufregenden Lebensstil auf die Inseln, aber auch viele Dinge, mit denen die Insulaner wegen der abgelegenen Lage ihrer Heimat früher nicht unbedingt konfrontiert waren. So geraten althergebrachte Traditionen ins Wanken, denn die jungen Leute haben ganz **neue Wertmaßstäbe**. Spannungen in den Familien und speziell zwischen den Generationen sind das Resultat und die Rate der häuslichen Gewalt steigt. Viele Verbrechen stehen zudem in Zusammenhang mit Alkohol oder Drogenbeschaffung. In den Touristenzentren und auf den Märkten kommt es auch vermehrt zu **Taschendiebstahl**.

Touristen werden eigentlich selten Opfer von Gewalt und Mord, aber dafür von **Diebstahl und Einbruch**. Manche Inselbesucher tragen durch ihr eigenes Verhalten leider dazu bei. Nachts in angetrunkenem Zustand durch die Straßen zu wanken, mit technischem Spielzeug, Kreditkarten oder teurem Schmuck zu protzen oder Frauen allzu offen anzumachen, wird – genau wie die Zurschaustellung des nackten Körpers – als Provokation aufgefasst.

Auch **Rodrigues** ist in einer Entwicklungsphase, jedoch keinesfalls im Ausmaß von Mauritius. Die Straßen sind nachts sicher und menschenleer, da die Einheimischen im wahrsten Sinn des Wortes mit den Hühnern zu Bett gehen.

Sicherheitstipps

Respektvolles Verhalten, grundlegende Vorsichtsmaßnahmen wie das **sichere Verwahren von Wertgegenständen** und das konsequente **Abschließen von Türen** sind Bedingungen für einen unbeschwerten Inselaufenthalt. Im Hotel sorgen Nachtwächter für Sicherheit, in fast allen Hotelzimmern, Ferienwohnungen und Strandhäusern sind Alarmanlagen und Safes installiert und die **Touristenpolizei** (s. S. 118) patrouilliert regelmäßig durch die Straßen der Ferienorte. Trotzdem sind die **Strände** auf Mauritius nachts vor allem für Einzelpersonen und Frauen keine sicheren Aufenthaltsorte mehr und auch **nächtliche Streifzüge** durch die Zuckerrohrfelder sind nicht zu empfehlen. Speziell in Grand Bay sollten **Frauen** nachts nicht allein herumwandern, schon gar nicht in angetrunkenem Zustand.

Mieter von Ferienhäusern und Wohnungen tun besser daran, bei der Wahl ihrer Gäste Vorsicht walten zu lassen, es ist schon vorgekommen, dass großzügige Gastgeber am Morgen nach der Party am Boden ihrer völlig leer geräumten Wohnung erwachten.

Wohngebiete und **Siedlungen**, insbesondere die sogenannten „Cités" (Townships), sind keine Touristenattraktionen und die Bewohner bleiben lieber unter sich. Es kann natürlich vorkommen, dass man spontan eingeladen wird, und sensible Besucher bringen dann Essen und Getränke mit. Falls man in so einer Umge-

Infos für LGBT+

Entgegen euphorischer Artikel auf internationalen Schwulen-Websites hat sich Mauritius noch nicht wirklich zur Hochburg der gleichgeschlechtlichen Liebe entwickelt. Zwar gibt es kein Gesetz, das Homosexualität direkt verbietet, gemäß einem im Gesetz verankerten Artikel wird jedoch Analsex als „Sodomie" angesehen und kann, auch wenn er einvernehmlich stattgefunden hat, mit bis zu fünf Jahren Gefängnis bestraft werden.

Das homosexuelle Leben auf Mauritius findet sehr zurückgezogen und fast im familiären Rahmen statt. Im Land der arrangierten Hochzeiten sind Schwule und Lesben überdies oft verheiratet und führen ein Doppelleben. Grundsätzlich werden homosexuelle Touristen auf Mauritius toleriert, aber ein unauffälliges Verhalten ist in einem Land, in dem die Zurschaustellung von Emotionen in der Öffentlichkeit generell ungern gesehen wird, eine gute Taktik.

Es gibt keine Schwulen- oder Lesbenklubs auf Mauritius, aber in den Nachtklubs von Grand Bay treffen sich die Nachtschwärmer aller Gesinnungen. In-Lokale wie das OMG, der Banana Beach Club oder die Buddha Bar sind definitive Hotspots der Szene (siehe Nachtleben, S. 24).

Mauritius eignet sich im Übrigen auch für lesbische und schwule Paare wunderbar als Reiseziel für ausgefallene Hochzeitszeremonien und traumhafte Flitterwochen.

Müll im Paradies

Mauritius, das urplötzlich vom Tourismus „heimgesucht" wird, kämpft mit einem Problem, über das man nicht gerne spricht, das jedoch mit dem Anstieg der Bevölkerung und der Anhebung des allgemeinen Lebensstandards immer größer wird: der zunehmende Abfall.

Was früher in geflochtene Körbe, Bananenblätter oder Zeitungspapier eingepackt wurde, kommt jetzt in **Plastik** oder **Styropor**. Während man die aus natürlichen Materialien bestehenden Abfälle einfach hinter die Hütte werfen konnte, wo sie verrotteten, hat man heutzutage ein riesiges Problem mit genau dieser **Wegwerfmentalität**.

Abfälle werden an manchen Orten in mit Metalldeckeln verschlossene Gruben hinter ein in der Mauer oder dem Zaun ausgespartes Loch gekippt. Wenn die Müllmänner kommen, schaben sie den Dreck in offene Körbe und werfen ihn dann in die Lastwagen der Müllentsorger. Die Ratten freuen sich. Dies spielt sich nicht nur auf dem Land so ab, sondern auch in Ballungsgebieten und brennbare Abfälle werden oft gleich an Ort und Stelle ohne Rücksicht auf die Umwelt angezündet.

In den Städten ist die Müllbelastung extrem hoch und auch nach religiösen Feiern kommt auch am Straßenrand oder an den Stränden ganz schön was zusammen.

Die Regierung hat deshalb ein ganzes Heer von guten Geistern angeheuert, die in Gummistiefeln und ausgerüstet mit Rechen, Besen und mobilen Müllcontainern jeden Morgen Strände und Straßen säubern. Eine wahre **Sisyphusarbeit**, die man so richtig würdigt, wenn man die Ecken und Winkel findet, an denen sie nicht vollbracht wurde.

bung nachts angesprochen wird, ist es klug, den Gastgeber namentlich zu erwähnen.

Da **Busse** nur tagsüber fahren, gibt es unterwegs eigentlich selten Probleme, allerdings muss man, wenn man im Gedränge im Bus steckt, **auf seine Wertgegenstände aufpassen**. Die Busbahnhöfe, insbesondere der Victoria-Bahnhof in Port Louis, sind **bei Dunkelheit** zu meiden. Man sollte lieber ein Taxi nach Hause nehmen oder dafür sorgen, dass man noch bei Tageslicht heimkommt.

Alleinreisende Frauen

Die Bevölkerung von Mauritius ist alleinreisenden Frauen gegenüber sehr **hilfsbereit** und ausgesprochen **höflich**. Frauen sind in der Regel überall willkommen und werden oft spontan zu Besuch bei einheimischen Familien eingeladen. Weibliche Gäste, die solchen **Einladungen** folgen, tun gut daran, sich dabei den Frauen anzuschließen, denn sowohl in der hinduistischen als auch der kreolischen Familienordnung bilden die Frauen und Männer innerhalb der Großfamilie eher getrennte Gruppen. Vertrauenswürdige einheimische Männer, die eine Besucherin näher kennenlernen wollen, werden sie in jedem Fall offiziell zu sich nach Hause einladen. Wenn jemand dies nicht tut, hat er vielleicht etwas zu verbergen.

Es ist auf Reisen immer gut, vorsichtig zu sein, die **Zimmertür abzuschließen**, auch wenn man im Zimmer ist, und kein Fenster offenzulassen, wenn man ausgeht. Natürlich sollte man zu später Stunde auch **niemandem die Haustür öffnen**. Auch dann nicht, wenn die Person, die draußen steht, behauptet, von der Polizei zu sein und eine Befragung durchführen zu wollen. Die Polizei bestellt einen für eine Befragung generell tagsüber in die Polizeidienststelle! Dass man keine Männer zu sich ins Zimmer einladen sollte, die man nicht näher kennt, versteht sich von selbst.

Im Großen und Ganzen ist Mauritius **ein guter Ort für alleinreisende Besucherinnen**, aber es haben innerhalb der letzten Jahre leider einige Gewaltverbrechen an einheimischen Frauen und Touristinnen stattgefunden und man darf sich von der lächelnden Fassade keineswegs täuschen lassen: Mauritius ist, was Emanzipation anbelangt, noch weit von Europa entfernt.

In **Rodrigues**, wo alleinreisende Frauen eher selten sind, gestaltet sich der Umgang mit der Bevölkerung bislang völlig unproblematisch und respektvoll. Die Autorin hofft, dass dies noch lange so bleiben wird.

Polizei und Korruption

Wie in vielen Ländern verdienen die Polizisten in Mauritius als Staatsangestellte ein sehr niedriges Gehalt, haben unattraktive Arbeitszeiten und ein hohes Berufsrisiko. Einige versuchen, dies mit **Bestechungsgeldern** zu kompensieren. Das tangiert Touristen nur dann, wenn sie zum Beispiel bei **Verkehrskontrollen** angehalten werden. Obwohl die Regierung vor einigen Jahren die Independent Commission Against Corruption ins Leben gerufen hat, die auch mit den Vereinten Nationen zusammenarbeiten soll, hat sich an der Korruption im Staatsapparat nichts geändert.

Die Autorin rät, **bei Bestechung strikt nicht mitzumachen**. Stellen Sie sich dumm, sprechen Sie Deutsch oder rufen Sie nach der Touristenpolizei. Falls Sie nachts im Auto unterwegs sind und angehalten werden, lächeln Sie hilflos, geben den Namen der Mietwagenfirma an und sagen Sie, man solle sich mit ihr in Verbindung setzen, um die Sachlage abzuklären. Im schlimmsten Fall muss man etwas länger warten, bis man weiterfahren darf, und die Beamten sind etwas weniger höflich, aber Korruption ist in Mauritius verboten und es ist besser, sich davon fernzuhalten.

Drogen und Prostitution

Mauritius hat zwar keine Todesstrafe, betreibt aber bezüglich **Drogen** eine **Politik der Abschreckung** mit harten Gesetzen und null Toleranz. Wer unerlaubte Substanzen ins Land schmuggelt oder kauft, muss mit Höchststrafen rechnen, denn es wird **kein Unterschied zwischen „harten" und „weichen" Drogen** gemacht. Die Inder verwenden zwar Cannabis zur Zubereitung des bei Zeremonien genossenen Trankes „Bang", aber außerhalb des religiösen Kontexts wird der Besitz von Cannabis-Produkten genauso hart bestraft wie der von Heroin.

Prostitution ist in Mauritius und Rodrigues **gesetzlich verboten**. Insbesondere Sex mit Minderjährigen wird schwer bestraft und „Sodomie" (Analsex) ist auch einvernehmlich illegal.

Sprache

Es gibt **keine in der Verfassung verankerte Landessprache**, obwohl oft behauptet wird, diese sei Englisch oder Französisch. Tatsächlich wird **Englisch** in Artikel 49 der Verfassung aber einfach als diejenige Sprache erwähnt, die während der Sitzungen des Parlaments benutzt werden soll und auf welche man auch auf **Französisch** antworten dürfe. Als Resultat davon sind alle Regierungsdokumente in Englisch gehalten. In der Schule gilt Englisch zwar als Hauptsprache, dennoch werden in Mauritius sowohl Englisch als auch Französisch gesprochen.

Die inoffizielle Landessprache, aber unbestritten am meisten verbreitet, ist jedoch **Kreolisch** oder Kréol Morisien, eine auf dem Französischen basierende Lingua Franca. Sie hat sich aus den Sprachen der verschiedenen Kulturen, die die Inseln bevölkern, herausgebildet. Alle Mauritier sprechen Kréol, auch wenn sie zu Hause munter in Französisch, Englisch, Hindi, Bhojpuri, Tamilisch, Urdu, Arabisch, Bengali, Marathi, Mandarin oder Hakka plaudern.

Kréol Morisien entstand parallel zur Besiedelung von Mauritius. Dabei wurden von den Franzosen Sklaven auf die Inseln gebracht, die aus den verschiedensten Gebieten von Ost- und Westafrika sowie Madagaskar stammten. Natürlich trachteten diese danach, miteinander zu kommunizieren und bildeten ihre eigene, auf dem Französischen basierende Hilfssprache. Eine „Kreolensprache" wurde erstmals im Jahr 1773 erwähnt und im Laufe der Zeit mit den Begriffen der Inder und Engländer angereichert. Einst als „primitives Patois der unteren Klassen" verschrien, hat sich das Kréol zur exotischen Hauptsprache gemausert und wird seit 2012 sogar offiziell an der Grundschule gesprochen. Die Sprache ist das eigentliche Rückgrat der Inseln, die gemeinsame Basis der so unterschiedlichen Rassen, die diese bevölkern.

Das Kreolisch von Rodrigues weicht in der Aussprache leicht vom Kréol Morisien ab, ist etwas ursprünglicher und basiert mehr auf dem Französischen.

Telefonieren

Weil die Welt mittlerweile bevorzugt per Handy, Tablet oder Skype kommuniziert, sind die guten alten **Telefonkabinen** fast gänzlich von der Bildfläche verschwunden. Vereinzelt gibt es sie noch und auch günstige Telefonkarten kann man überall auf der Insel kaufen.

Wer viel lokal telefoniert, nimmt am besten ein altes Zweitmobiltelefon mit und kauft sich eine **Prepaid-SIM-Karte**. Diese gibt es bei Vorlage eines Reisepasses direkt bei Telecom, Emtel und in mit Aufklebern und Schildern versehenen Läden in allen größeren Ortschaften. Vor dem Kauf sollte man sich aber zuerst vergewissern, dass das eigene Handy SIM-lock frei ist. Von der mauritischen Nummer aus sind auch SMS-Botschaften nach Europa erheblich billiger als von der europäischen! Jedoch sind Anrufe zwischen den Netzen sehr teuer, deshalb haben viele Mauritier zwei Handys.

In **Rodrigues** gibt es an einigen Stellen **Funklöcher** (besonders bei Emtel), aber man muss manchmal nur um die nächste Ecke fahren, bis man wieder Empfang hat. Viele Bewohner der kleinen Insel haben des-

> **EXTRAINFO**
> **Vorwahlen**
> › Mauritius: 00230
> › Rodrigues: 00230
> › Deutschland: 0049
> › Österreich: 0043
> › Schweiz: 0041

halb – und auch wegen der hohen Kosten für Anrufe zwischen den Anbietern – ebenfalls zwei Handys.

Es gibt auf Mauritius und Rodrigues **keine Ortsvorwahlen**, seit 2013 haben **Handynummern** aber generell eine 5 am Anfang. Wenn also eine Nummer auf einer alten Visitenkarte nicht funktioniert, kann das Einschieben einer 5 davor hilfreich sein!

Touren

Mauritius mal ganz anders

Die folgenden nachhaltigen Touren wurden vom Öko-Tourismus-Pionier LRT in Zusammenarbeit mit der Autorin und lokalen Kleinanbietern entwickelt. Weitab vom Massentourismus lernen Sie die Insel und ihre Bewohner direkt kennen, erfahren Interessantes, Skurriles, Witziges und manchmal auch Trauriges über das Leben und die Geschichte, aber auch über Fauna und Flora von Mauritius. Die Touren werden auf Anfrage mit deutscher Reiseleitung angeboten und sind exklusiv über LRT buchbar. Hier ein paar Highlights aus dem Angebot:

Lagoon Harmony

Dieser Bootsausflug zur MWF-Insel **Ile aux Aigrettes** 26 ermöglicht Begegnungen mit Riesenschildkröten und seltenen Vogelarten, die Besichtigung eines ehemaligen Militärstützpunkts und Schnorcheln. Ein Mittagessen inmitten der Lagune ist inkludiert. Der Kapitän erzählt Wissenswertes über das Zusammenspiel von Meer, Korallenriff und Tourismus.

BIO CITY

Bei diesem Ausflug zu einer NGO-Plantage trifft Rastakultur auf Permakultur und Sie sind mittendrin! Krempeln Sie die Ärmel hoch und packen Sie an! Ein Tag lang **Biobauer** in den Tropen sein, die Früchte der Arbeit genießen und den kulturellen Austausch pflegen.

Inselschätze

Eine Fahrt durch das Hinterland samt Essen in einem winzigen Snacklokal und Besuch einer **Produktionsstätte von ätherischen Ölen**. Wenn gerade destilliert wird, darf man zusehen, und in der Boutique kann man die kostbaren Fläschchen mit seltenen Essenzen und Elixieren testen und kaufen.

Was bist du denn für ein Vogel?

In den Bambous-Bergen leben viele **seltene Vogelarten** wie der Mauritius Kestrel, die Rosa Taube und der Mauritiusweber. Sie zu entdecken und zu fotografieren ist Teil dieses Tagesausflugs. Zur Belohnung gibt es leckeres Essen vom Bio-Bauern und ein Bad im Fluss.

Kulturtrip

Eintauchen in eine bewegte Vergangenheit: Hier erfährt man, was die Farben an den Tempeln bedeuten, wieviele Sprachen und Religionen es auf der Insel gibt, welche politische Partei gerade am Ruder ist und wie es dazu kam, dass der Inselstaat überhaupt bevölkert wurde.

Ein Tag für Hund und Katz

Tierfreunde werden auf ihre Kosten kommen. Dieser Tagestrip beinhaltet den Besuch einer **Auffangstation für Tiere**, ein Mittagessen in einem urigen Lokal und die Möglichkeit, direkt vor Ort Hilfe zu leisten. Einblicke in ein anderes Mauritius tun sich auf.

Die Wilde Karte

Lust auf Abenteuer? Dann auf ins Unbekannte! Für diese Tagestour sollten unbedingt Wanderschuhe, Strandlatschen, Regenschutz, Sonnencreme und Badehose eingepackt werden. Denn erst im Bus wird verraten, wohin die Reise geht!

› Alle Touren werden durchgeführt von Lolotte Rental and Tours Ltd (LRT), 14 Avenue, Sodnac, Quatre Bornes. Sie können telefonisch (4271060 od. 52511148) oder aber per Email gebucht werden: mru@holidays.io. Weitere Tagestouren: www.therainbow.io/mru/rainbow-tours.

Uhrzeit

Mauritius ist der Mitteleuropäischen Zeit (MEZ) **drei Stunden voraus**. Da es auf den Inseln **keine Sommerzeit** gibt, beträgt der Zeitunterschied während der europäischen Sommerzeit nur zwei Stunden.

Unterkunft

Obwohl Mauritius noch immer der Ruf einer Luxusdestination anhaftet, haben die Inseln weit mehr zu bieten. Natürlich gibt es eine große Anzahl von **Resorts** der Superlative, aber auch **Boutiquehotels** und **Ferienhäuser** sowie **Ferienwohnungen** und **Studios** sind mittlerweile populär geworden. Und die Unterkünfte liegen beileibe nicht mehr alle am Strand! Auch im **Inselinneren** oder hoch **über den Steilküsten** thronen spannende **Guest Houses**, **Lodges** und **Pensionen**.

In **Rodrigues** wohnt man oft mit Familienanschluss und ganz einfach, während in Mauritius die Skala von ganz luxuriös bis ganz natürlich reicht. Campingplätze oder Jugendherbergen sucht man vergeblich, findet jedoch das echte Naturgefühl in einfachen Lodges, in denen man auch mal im Safarizelt oder im Chalet (rustikales Holzhaus) übernachten kann.

Wer im Internet sucht, kann es zum Beispiel bei den folgenden Anbietern versuchen:
- www.fewo-direkt.de: Verzeichnis von Ferienwohnungen und Häusern
- www.agoda.com/index.html: Verzeichnis von Hotels auf Mauritius und Rodrigues
- www.exclusive-mauritius-villas.com: exklusive Strandvillen und Apartments

Wer spontan unterwegs ist, kann seine Unterkunft vor dem Buchen auch persönlich anschauen, aber weil man für die **Einreise** eine lokale Hoteladresse angeben muss, empfiehlt es sich, wenigstens für die ersten paar Tage vorher eine feste Bleibe zu buchen. Während der **Hochsaison** im Dezember ist eine spontane Buchung außerdem schlicht unmöglich.

Rodrigues-Reisende bekommen eine **Flugvergünstigung**, wenn sie eine bestimmte Anzahl an Nächten auf der kleinen Insel in Guest Houses oder Hotels von einer Liste buchen. Sie ist bei Air Mauritius (www.airmauritius.com), den Reiseveranstaltern oder der MTPA (www.tourism-mauritius.mu) erhältlich.

◁ *Bei Bootsausflügen kann es passieren, dass man durch flaches Wasser waten muss*

Verhaltenstipps

Mauritier sind Fremden gegenüber sehr aufgeschlossen. Besonders wenn man mit dem Bus unterwegs ist, aber auch am Strand oder im Restaurant **wird man oft angesprochen**. Und da die Insulaner sehr stolz auf ihre Inseln sind, fragen sie gerne, ob es den Besuchern wirklich, aber auch wirklich gefällt in ihrem Land. Das kann manchmal etwas aufdringlich wirken, ist aber durchwegs ehrlich gemeint und keine Anmache.

Verkäufer am Strand sind hingegen aufdringlich, denn das ist Teil ihres Jobs. Wer nichts kaufen will, sagt ihnen das ruhig und klar, vielleicht noch von einem Lächeln begleitet. Dies wir in jedem Fall sofort verstanden und in der Regel auch akzeptiert.

Auf dem **Markt** gelten besondere Gesetze und es ist normal, dass für Touristen und Einheimische **verschiedene Preise** verlangt werden. Wucherpreise braucht man jedoch auf keinen Fall zu akzeptieren. Wenn man das Gefühl hat, der Preis sei viel zu hoch angesetzt, sollte man bei einem anderen Verkäufer nachfragen. Das bringt meistens die Dinge ins Lot.

Mauritius befindet sich **im Umbruch** und die Wertmaßstäbe der einst verträumten Inselrepublik haben sich während der letzten paar Jahre rasant geändert. Viel Geld zu haben ist das neue Lebensziel und das Streben danach allgegenwärtig. Für manche Mauritier sind Europäer einfach unermesslich reich und sie haben vom Leben außerhalb ihrer Insel keine Ahnung. Dessen muss man sich als Besucher bewusst sein, wenn man naiv-zutraulich gefragt wird, ob man ihnen sein Handy oder die Sonnenbrille schenken oder sie gar nach Europa mitnehmen könne. Ein freundliches Lächeln begleitet von einem bedauernden Kopfschütteln ist die beste Antwort.

Indische **Tempel** können kostenlos besucht werden. Die Priester und Tempeldiener sind sehr gastfreundlich und zeigen Besuchern auch gern ihre Attraktionen. Eine kleine Spende ist willkommen. Das Ausziehen der Schuhe, bevor man die heilige Stätte betritt, ist Pflicht. Dass man nicht in kurzen Hosen oder ärmellosen, nabelfreien und tief ausgeschnittenen Kleidern in Kirchen, Tempeln und Moscheen herumwandert, versteht sich von selbst.

Welcher **Ethnie** oder **Glaubensrichtung** die Insulaner angehören, ist oft nicht auf den ersten Blick ersichtlich, kann jedoch durchaus wichtig für die Kommunikation und im Umgang mit ihnen sein. Wer respektvoll fragt, bekommt bestimmt eine zufriedenstellende Antwort.

Auf **politische Diskussionen** sollte man verzichten, denn dies kann auf einer kleinen Insel leicht zu Spannungen führen. Da die Regierung alle paar Jahre in einer anderen Konstellation neu gewählt wird, ist es aber auch nicht wirklich interessant, darüber zu debattieren. **Korruption** ist ein weiteres Thema, das wie Politik besser vermieden wird, vor allem wenn man bei Einheimischen zu Gast ist.

Hindus, Muslims und Katholiken in Mauritius haben eine relativ liberale Einstellung bezüglich **Bekleidungsregeln**, die jedoch die **Zurschaustellung des nackten Körpers** nicht einschließt: Nacktbaden ist an öffentlichen Stränden gesetzlich verboten. Sich „oben ohne" zu sonnen, wird am Hotelstrand oder am Pool mehr oder weniger toleriert, am öffentlichen Strand ist hingegen mit unangenehmen Konsequenzen seitens der Inselbevölkerung zu rechnen, die exponierte weibliche Reize als sexuelle Einladung oder als Beleidigung wertet.

> ## Smoker's Guide
>
> Seit Mauritius die WHO-Konvention zur Tabakkontrolle unterzeichnet hat, ist das Rauchen in der Öffentlichkeit nur an speziell dafür vorgesehenen Orten gestattet. Auch in den Verkehrsmitteln, öffentlichen Gebäuden und Restaurants darf nicht oder nur an spezifisch gekennzeichneten Orten geraucht werden. Die meisten Restaurants nehmen diese Verordnung relativ locker. Wichtig ist, dass man vor dem Anzünden um einen Aschenbecher bittet oder nach dem Rauchertisch fragt. Am Flughafen wird das Gesetz jedoch sehr streng gehandhabt.

◁ *Mauritier sind Fremden gegenüber sehr aufgeschlossen*

Verkehrsmittel

Busfahren

Die preisgünstigste und abenteuerlichste Art, die Insel zu entdecken, ist bestimmt per Bus. Allerdings sollte man dabei einiges beachten:

Busse sind in der Regel **nicht klimatisiert** und ziemlich **ungepflegt** und dies kann manchmal auch die Buspassagiere betreffen, vor allem auf ländlichen Strecken. Ausnahme: Zwischen Port Louis und Curepipe existiert seit 2013 eine gepflegte Expresslinie mit Klimaanlage und Fernseher. Reisenden steht sogar Gratislektüre zur Verfügung.

Die meisten Busse haben vorne und hinten **Türen**, aber eingestiegen wird vorne. Weil die Stufen so steil sind, dass man nicht sieht, ob drinnen noch jemand aussteigen will, wartet man darauf, dass der Schaffner zum Einsteigen auffordert. Der **Fahrpreis** wird direkt im Bus entrichtet – das Wechselgeld nachzuzählen, ist empfehlenswert. Eine einfache Fahrt von Port Louis zum Botanischen Garten in Pamplemousses kostet z. B. 28 Rs. Wenn man nicht sicher ist, wo man aussteigen muss, kann man den Schaffner fragen. Die Fahrgäste helfen bestimmt auch gerne aus. Das Busticket sollte man unbedingt während der Fahrt aufbewahren, denn es kann vorkommen, dass ein Inspektor zusteigt und man es vorweisen muss. Für Leute mit viel Gepäck, Kinderwagen oder einer Gehbehinderung sind Busse **nicht geeignet**.

Manchmal veranstalten Busse richtiggehende Rennen um Kunden und dann ist es nicht sehr gemütlich, in den brummenden Monstern zu sitzen. Es kann auch vorkommen, dass ein Bus auf offener Strecke eine Pan-

---

EXTRAINFO

Ein Paradies für Tiere?

In Mauritius fristen zahlreiche herrenlose **Hunde** und **Katzen** ein kärgliches Dasein. Hilfsbereite Touristen füttern sie mit Essen vom Büffet oder schmuggeln sie sogar ins Hotelzimmer. Das ist natürlich keine Lösung, sondern vergrößert das Problem, denn bald reisen die Besucher wieder ab. Die zutraulich wartenden Tiere werden dann in die Tötungsstation gebracht oder direkt vergiftet.

Sie können helfen, einem Hund oder einer Katze in Europa eine neue Heimat zu geben. Falls Sie sich zu einer **Adoption** oder **Flugpatenschaft** entschlossen haben, steht Ihnen die lokale Tierschutzorganisation PAWS unter Tel. 57275365 bei.

› Die aktuellen Einreisebestimmungen für Tiere nach Europa finden Sie hier: www.europa.eu oder www.pawsmauritius.org.

Trinkgeld

Wenn man fragt, wird einem mitunter stolz gesagt, dass Trinkgelder stets im Service inbegriffen und das Personal glücklich sei, die Touristen bedienen zu dürfen. In der Realität sieht es so aus, dass Trinkgeld oftmals magere Löhne aufrundet und **durchaus willkommen** ist. In den **Hotels** gibt man dem Zimmerpersonal persönlich einen einmaligen Betrag von ein paar hundert Rupien (je nach Aufenthaltsdauer). In den **Restaurants** gibt man etwa 10 % Trinkgeld oder rundet die Beträge großzügig auf. In **Imbissbuden** oder auf dem **Markt** entfällt das Trinkgeld natürlich. Wer auf Inseltour geht, sollte nicht vergessen, neben dem **Tour Guide** auch den **Chauffeur** mit einem kleinen Trinkgeld zu belohnen.

ne hat und die Passagiere auf den nächsten warten müssen. Es kann dann ganz schön lange dauern, bis die lamentierenden Passagiere ihren Anteil am Fahrgeld zurückbekommen haben. Besser auf die paar Rupien verzichten und gleich in den nächsten Bus umsteigen oder – wenn man vom öffentlichen Verkehr erst mal genug hat – ein Taxi heranwinken.

Busse verkehren generell nach **Fahrplan**, allerdings muss man dies im weitesten Sinn sehen und genügend Extrazeit einplanen. In den größeren Städten und Ballungszentren wie Curepipe, Rose Hill oder Quatre Bornes fahren Busse von 5.30 bis 20 Uhr und in ländlichen Gegenden von 6.30 bis 18.30 Uhr. Es empfiehlt sich, die Rückfahrt frühzeitig anzutreten, denn der letzte Bus ist oft überfüllt, und wer ihn nicht erwischt, muss im schlimmsten Fall in der Dunkelheit ein Taxi suchen.

In Port Louis gibt es zwei **End-Busbahnhöfe**, den **Gare du Nord** für die Busse aus dem Norden und den **Gare Victoria** für die Buslinien aus dem Süden und dem zentralen Teil der Insel. Sie sind durch kleinere **Shuttlebusse** der Stadtlinie miteinander verbunden. Wer von Grand Bay nach Curepipe will, kann also nicht einfach am Gare du Nord in Port Louis umsteigen, sondern muss erst mit dem Shuttlebus das Teilstück zwischen den beiden Bahnhöfen überbrücken, um am Gare Victoria den Express nach Curepipe nehmen zu können. Reisende nach Mahébourg und zum Flughafen müssen zudem noch ein ganzes Stück weit laufen, denn die **Busse in den Süden** (Mahébourg, L'Escalier, Flughafen) fahren von einer Nebenstraße hinter dem Victoria-Bahnhof aus.

Am Sonntag fahren keine Expressbusse, auch nicht vom und zum Flughafen. Der folgende Link gibt Auskunft über Buslinien auf Mauritius:
› www.mauritius-buses.com
■ **Gare du Nord** <179>
■ **Gare Victoria** <180>

Die Busse in **Rodrigues** sind zwar alt, aber gepflegt. Sie fahren ab Port Mathurin ⓹⓺ in alle Teile der Insel und halten die Fahrpläne besser ein als ihre mauritischen Cousins.

Die Haarnadelkurve am Aussichtspunkt Macondé (s. S. 39)

Mietwagen und Motorroller

Autos, Motorroller und Motorräder können auf Mauritius und Rodrigues von mind. 21 Jahre alten Inhabern internationaler und europäischer Führerscheine gemietet werden, die sich zutrauen, im Linksverkehr zu fahren.

Wer von Vornherein einen fahrbaren Untersatz einplant, ist gut beraten, die Websites der großen Fluggesellschaften zu überprüfen: Manchmal gibt es unschlagbare Angebote zusammen mit dem Flug. In der Regel kosten **Mietwagen** je nach Kategorie 35 bis 50 €/Tag plus Versicherung.

Wer hingegen ein paar Tage mit Faulenzen am Strand verbringen will, kann auch vor Ort günstig mieten. Die meisten Ferienunterkünfte haben Kontakte zu zuverlässigen Auto- und Motorradverleihfirmen.

Für Paare und Einzelpersonen sind **Motorroller** eine attraktive Möglichkeit, die Inseln preiswert und intensiv zu entdecken, und für kürzere Strecken kann man auch **Fahrräder** leihen. Wer ein **Motorrad** mietet, sollte darauf achten, nicht nach Einbruch der Dunkelheit unterwegs zu sein, denn dann kann es auf den meist unbeleuchteten und oft holperigen Straßen richtig ungemütlich werden.

Wichtig: In der **Schlussphase der Zuckerernte** (Mitte Okt. bis Ende Dez.) sind die Straßen voll hochbeladener Transporter, die Tag und Nacht das süße Rohr in die Zuckermühlen karren. Dann ist das Fahren in bestimmten Gegenden erschwert.

Auf **Rodrigues** wird kein Zuckerrohr angebaut, dort sind die Straßen aber oft steil und kurvenreich. Das Benzin ist generell teurer als auf Mauritius. Es lohnt sich deshalb, tageweise einen Roller zu mieten, auch weil die Insel so klein ist. Weil die Hauptstraße auf der Hügelkuppe im Inselinneren verläuft, ist das Strandwandern mitunter nicht nur die preisgünstigste, sondern auch die schnellste Art und Weise der Fortbewegung.

Hotels und Privatunterkünfte auf beiden Inseln bieten in der Regel einen **Abholservice vom Flughafen**.

Schiffsverkehr

Die beiden Schiffe MS Mauritius Pride und MS Trochetia verkehren ab Port Louis ❶ und verbinden Mauritius wöchentlich mit **Rodrigues**, unregelmäßig mit der **Inselgruppe von Agalega** und gelegentlich auch mit dem französischen **La Réunion** und **Tamatave** in Madagaskar.

Die **Passage** nach La Réunion dauert eine Nacht, nach Rodrigues ist man je nach Wetterlage und Jahreszeit 26 bis 36 Stunden unterwegs. Die Überfahrt nach Tamatave in Madagaskar dauert eine ganze Woche. Schiffsreisen erfreuen sich bei Einheimischen großer Beliebtheit, da sie günstiger sind als ein Flug und doppelt so viel Freigepäck an Bord genommen werden kann. Da die Schiffe manchmal wegen Pannen wochenlang auf Dock liegen, sollte man unbedingt beim Planen einer Schiffsreise direkte Infos einholen:

› www.mauritiusshipping.net,
  Tel. 2172285

Taxis

Reisende, die entspannt und locker über die Inseln fahren wollen, sollten dies per Taxi tun. Taxifahrer bieten **Tagestouren** zu günstigen Tarifen und man erspart sich langes Suchen von versteckt liegenden Attraktionen, wenn man sich hinfahren lässt. Dabei muss man sich jedoch bewusst sein, dass manche Läden und Restaurants den Taxifahrern hohe Kommissionen zahlen, wenn diese ihnen Kunden bringen. Man sollte deshalb dem Taxifahrer vor der Fahrt genau sagen, welche Sehenswürdigkeiten man sehen will – und welche nicht.

Als wichtigste Regel gilt, dass man **vor der Fahrt** mit dem Taxifahrer **den Preis vereinbart**. Hotel- und Flughafentaxis sind in der Regel etwas teurer. Wer nachts ein Taxi braucht, muss unbedingt vorher reservieren.

> **Mr. Mukesh:** Dieser erfahrene Chauffeur arbeitete einst für einen bekannten Reiseveranstalter und hat sich selbständig gemacht. Tel. 57289890.
> **Mr. Ram's Großraumtaxi** hat Platz für bis zu 6 Passagiere! Tel. 57592761.
> **Mr. Rajesh** bietet ausgezeichnete Dienstleistungen als Taxifahrer und Reiseleiter für bis zu 4 Passagiere. Tel. 52552210.
> **Mr. Sameer:** Das 6-Personen-Taxi ist sehr sauber und Mister Sameer bietet auch Flughafentransfer und Tagesausflüge an. Tel. 57727796.

Wetter und Reisezeit

In Mauritius herrscht wegen des stetigen Nordostpassats ein **angenehm tropisches Inselklima** mit einer **sommerlichen Regenzeit** und einem trockeneren, etwas kühleren Inselwinter. Der **Sommer** dauert ungefähr von November bis April, der **Winter** von Mai bis Oktober. Februar und März sind die regenreichsten Monate mit feuchtheißem Klima und einer Luftfeuchtigkeit von bis zu 90%. Die Zeit der **Zyklone** oder tropischen Wirbelstürme dauert von Mitte November bis Ende April.

Von Mai bis September liegen die **Tagestemperaturen** zwischen 20 und 28 Grad. Sie steigen von Oktober bis April auf 25 bis 35 Grad. Im durch Bergketten vor den rauen Passatwinden geschützten Norden und Westen ist es generell ein paar Grad wärmer und Port Louis ist im Sommer für seine Backofenhitze berüchtigt. Nachts kann das Thermometer während der kühlen Jahreszeit schon mal auf 16 Grad fallen, in den höheren Regionen sogar auf 14 Grad. Da die Insel auf der südlichen Erdhälfte liegt, sind die Jahreszeiten dem europäischen Sommer und Winter genau entgegengesetzt. Die **Hochsaison** ist von November bis Januar. Aber auch im Inselwinter, welcher dem europäischen Sommer entspricht, kommen immer häufiger Gäste aus Deutschland, Russland und den skandinavischen Ländern zu Besuch, denen die tropische Sommerhitze schlichtweg zu viel ist.

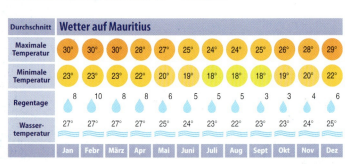

Durchschnitt	**Wetter auf Mauritius**											
Maximale Temperatur	30°	30°	30°	28°	27°	25°	24°	24°	25°	26°	28°	29°
Minimale Temperatur	23°	23°	23°	22°	20°	19°	18°	18°	18°	19°	20°	22°
Regentage	8	10	8	8	6	5	5	5	3	3	4	6
Wassertemperatur	27°	27°	27°	27°	25°	24°	23°	22°	23°	23°	24°	25°
	Jan	Febr	März	Apr	Mai	Juni	Juli	Aug	Sept	Okt	Nov	Dez

ANHANG

Kleine Sprachhilfe Mauritius

Die wichtigsten Grußwörter

Deutsch	Kreolisch	Englisch
Auf Wiedersehen	Orévwar/Salam	Goodbye
Guten Tag	Bonzour	Hello
Guten Morgen	Bonzour	Good morning
Guten Abend	Bonzwar	Good evening
Gute Nacht	Bonwit	Good night

Die wichtigsten Fragewörter

Wo?	Kot?	Where?
Warum?	Kifer?	Why?
Wer?	Ki sannla?	Who?
Wie?	Kouma?	How?
Wieviel?	Kombié?	How much?
Wann?	Kan?	When?
An welchem Tag?	Ki zour?	Which day?
Bis wann?	Ziska kan?	Until when?

Die wichtigsten Richtungsangaben

Rechts	A drwat	Right
Links	A goz	Left
Geradeaus	Drwa	Straight ahead
Gegenüber	Lot koté	Opposite of
Hier	Ici mem	Here
Neben	A koté	Beside
Vor	Devan	In front of
Hinter	Deryer	Behind
Dort	Laba	There

Floskeln und Redewendungen

Ja, stimmt.	Wi, ce korek.	Yes, that's right.
Nein, stimmt nicht.	No, li pa korek.	No, this is not right.
Ja, es gibt ...	Wi ena ...	Yes, there is ...
Nein, es gibt kein(e) ...	No pena ...	No, there isn't ...
Bitte (als Angebot)	Siouplé	Please
Helfen Sie mir bitte.	Aide-mwa siouplé.	Help me, please.
Danke	Mersi	Thank you
Bitte	De rien/padkwa	You're welcome.
Macht nichts.	Pa grave.	Never mind.
Wie geht es Ihnen?	Ki manier?	How do you do?
Geht's gut?/Alles klar?	Ki manier?/Tou korek?	Are you ok?

Kleine Sprachhilfe Mauritius 135

Danke, mir geht es gut.	Mersi, tou korek.	I am fine, thank you.
Ich gehe jetzt.	Mo pé allé.	I am leaving now.
Tschüß!	Allé bye!	Bye bye!
Ich heiße ...	Mo apel ...	My name is ...
Entschuldigung.	Eskiz mwa/pardon/sori.	Excuse me./I'm sorry.
Gibt es ...?	Eski ena ...?	Is there ...?
Ich suche ...	Mo pe rod ...	I'm searching for ...
Wo kann ich ... kaufen?	Kot mo kapav asté ...?	Where can I buy ...?
Ich möchte bitte ... haben.	Mo lé ...	I would like to have ...
Ich nehme ...	Mo pran ...	I'll take ...
Was ist das?	Ki été sa?	What is this?
Wieviel kostet das?	Kombien sa?	How much is this?
Wo ist ...?	Kot ... été ?	Where is ...?
Einverstanden.	Dakor.	Agreed.
Ich möchte nach ... gehen/fahren	Mo lé al ...	I want to go/drive to ...
Wieviel kostet die Fahrt nach ...?	Kombien sa kout pour al ...?	How much is the trip to ...?
Wie komme ich nach ...?	Kouma mo capave al ...?	How can I get to ...?
Können Sie mich bitte nach ... bringen?	Eski ou kapav amen mwa ...?	Could you please take me to ...?
Könnten Sie mir bitte helfen?	Siouplé, ou kapav aid-mwa?	Could you please help me?
Ich spreche kein Kreolisch.	Mo pa konn kozé kreol.	I don't know how to speak Creole.
Bitte sprechen Sie langsam.	Pa koz tro vit.	Speak slowly please.
Ich habe verstanden.	Mo fin kompran.	I understand.
Wie bitte?	Ki ou pe dire ?	Excuse me?
Ich verstehe nicht.	Mo pa pe kompran.	I didn't understand.
Bitte wiederholen Sie das.	Redire mwa siouplé.	Please repeat.
Verstehen Sie?	Eski ou kompran?	Do you understand?
Wie heißt das auf Kreolisch?	Kouma dire sa en kreol?	What does this mean in Creole?
Können Sie mir das übersetzen?	Ou kapav tradir sa pour mwa?	Could you translate that for me?
Ich möchte gerne Kreolisch lernen	Mo anvi apran kreol	I would like to learn to speak Creole.
Was bedeutet ... auf Englisch?	Kouma ou dir sa an anglé?	What does ... mean in English?
Bitte schreiben Sie mir das auf.	Ekri sa pour mwa siouplé.	Please write this down for me.

Glossar touristischer Begriffe

Deutsch	Kreolisch	Englisch
Strand	Laplaz	Beach
Bucht	Anse	Bay
Berg	Montany	Mountain
Township	Cité	Township
Insel	L'il	Island
Stadt	Lavil	City
Boot	Bato	Boat
Segelboot	Pirog	Sailing boat
Glasbodenboot	Bato fondever	Glass bottom boat
Bus	Bis	Bus
Expressbus	Bis l'express	Express bus
Straße	Larue	Street
Schnellstraße	Grand route	Highway
Weg	Simé	Road

Verständigung im Urlaub
mit den Kauderwelsch-Sprachführern

Französisch – Wort für Wort
Gabriele Kalmbach
978-3-8317-6431-0

160 Seiten | Band 40
9,90 Euro [D]

AusspracheTrainer Französisch
Gabriele Kalmbach

978-3-95852-290-9
(Audio-CD / **7,90 Euro [D]**)

978-3-95852-040-0
(MP3-Download / **5,99 Euro [D]**)

Zu Hause und unterwegs – intuitiv und informativ
▶ **www.reise-know-how.de**

- **Immer und überall** bequem in unserem Shop einkaufen
- Mit **Smartphone**, **Tablet** und **Computer** die passenden Reisebücher und Landkarten finden
- **Downloads** von Büchern, Landkarten und Audioprodukten
- Alle **Verlagsprodukte** und **Erscheinungstermine** auf einen Klick
- **Online** vorab in den Büchern **blättern**
- Kostenlos **Informationen, Updates** und **Downloads** zu weltweiten Reisezielen abrufen
- **Newsletter** anschauen und abonnieren
- Ausführliche **Länderinformationen** zu fast allen Reisezielen

www.reise-know-how.de

Das komplette Programm zum Reisen und Entdecken
Reise Know-How Verlag

- **Reiseführer** – alle praktischen Reisetipps von kompetenten Landeskennern
- **CityTrip** – kompakte Informationen für Städtekurztrips
- **CityTrip**^PLUS – umfangreiche Informationen für ausgedehnte Städtetouren
- **InselTrip** – kompakte Informationen für den Kurztrip auf beliebte Urlaubsinseln
- **Wohnmobil-Tourguides** – alle praktischen Reisetipps für Wohnmobil-Reisende
- **Wanderführer** – exakte Tourenbeschreibungen mit Karten und Anforderungsprofilen
- **KulturSchock** – Orientierungshilfe im Reisealltag
- **Die Fremdenversteher** – kulturelle Unterschiede humorvoll auf den Punkt gebracht
- **Kauderwelsch Sprachführer** – vermitteln schnell und einfach die Landessprache
- **Kauderwelsch plus** – Sprachführer mit umfangreichem Wörterbuch
- **world mapping project**™ – aktuelle Landkarten, wasserfest und unzerreißbar
- **Edition REISE KNOW-HOW** – Geschichten, Reportagen und Abenteuerberichte

Reisen? We know how!

Register

A
Aapravasi Ghat 14
Agalega 28
Alleinreisende Frauen 122
Allerheiligen-Feier 91
Angeln 82
Anse aux Anglais 64
Anse Bouteille 65
Anse Mourouk 66
Anreise 104
Apotheken 117
Apps 114
Arzt 116
Ausrüstung 104
Aussichtspunkt Macondé 39
Ausweisverlust 118
Autofahren 105

B
Baden 72
Baie du Tombeau 16
Bain Boeuf 25
Bargeld 110
Barrierefreies Reisen 106
Behinderte 106
bench 828 51
Benutzungshinweise 8
Bergsteigen 82
Bienen 66, 97
Bigarade 66, 97
Biscuiterie Rault 35
Black River Gorges National Park 53
Blaue Mauritius 15
Blue Bay 36
Blue Penny Museum 15
Bois Chéri 45
Botschaften 106
Bootstouren 20, 37, 38, 52, 77
Bras D'Eau Nature Reserve 27
Busse 129

C
Canyoning 82
Cap Malheureux 25
Casela Nature and Leisure Park 55
Casino 15
Caudan Waterfront 15
Caverne Patate 67
Chagos-Archipel 28
Chamarel 47
Champs de Mars 13
Château Labourdonnais 21
Chikungunya 113
Chinatown 12
Chinesisches Neujahrsfest 88
Coin de Mire 20
Company Garden 13
Curepipe 57
Curious Corner of Chamarel 49
Cyber City 61

D
Delfine 52
Denguefieber 113
Devisenbestimmungen 108
Diego Garcia 28
Diplomatische Vertretungen 106
Diwali 91
Domaine de l'Etoile 33
Domaine de Saint Aubin 41
Drogen 123
Durga-Festival Dussehra 90

E
EC-Karte 110, 118
Eid Ul Fitr 89
Einfuhrbeschränkungen 108
Einkaufen 95
Ein- und Ausreisebestimmungen 107
Elektrizität 109
Englisch 124, 134
Essen 91

F
Fahrrad 83
Feiertage 88
Feste 88
Film 109
Fischerfest in Rodrigues 88
Flat Island 20
Flic en Flac 55
Floréal 57

Flüge 104
Flughafen 104
Flughunde 86
Folklore 88
Fort Adelaide 13
Foto 109
Fotografiemuseum 13
François-Leguat-Schildkrötenpark 67
Französisch 124
Frauen, alleinreisende 122
Fredrik Hendrik Museum 33
Freibeuter 100
Fremdenverkehrsamt 16, 114

G
Ganesh Chaturthi 90
Ganga Snaan 91
Ganga Talao 45
Gare du Nord 16, 130
Gare Victoria 16, 130
Gastronomie 91
Geld 109
Geschichte 98
Gesundheitsvorsorge 112
Getränke 94
Gewichte 116
Girocard 110, 118
Golf 83
Grand Bassin 45
Grand Bay 22
Grand Rivière Sud Est 32
Gris Gris 39

H
Handy 124
Haustiere 108
Hochseefischen 82
Holi 89
Hotels 126
Hygiene 112

I
Ile aux Aigrettes 36
Ile aux Cerfs 31
Ile aux Cocos 68
Ile aux Fouquets 37
Ile aux Phares 37
Ile aux Sables 68
Ile aux Serpents 20
Ile d'Ambre 23
Ile de la Passe 37
Ile des deux Cocos 38
Ile Marianne 37
Ilot Gabriel 20
Ilot Vacoas 37
Indentured Labourers Day 91
Informationsquellen 114
Inselbewohner 10
Inseln des Südostens 37
Inselspezialitäten 91
Inselsteckbrief 10
Internet 115
Internetcafés 116
Internetseiten 114

J
Jardin de la Compagnie 13
Jardin des 5 Sens 66
Jüdischer Friedhof St. Martin 61
Jummah-Moschee 12

K
Kajak fahren 23, 78
Kartensperrung 118
Kathedrale St. Louis 13
Kinder 117
Kirche St. Anne in Chamarel 48
Kitesurfen 76
Kleidung 104
Konsulate 106
Korruption 123
Krankenhäuser 116
Krankheiten 113
Kreditkarte 110, 118
Kreol Festival 91
Kreolisch 124, 134
Küche, lokale 91
Kulinarische Entdeckungen 91
Kunsthandwerk 95

L
La Nicolière 29
La Preneuse 53
La Roche Qui Pleure 39

La Vanille Crocodile Park 39
L'Aventure du Sucre 21
Le Clézio, Jean-Marie Gustave 62
Leitungswasser 112
Le Miel Victoria 66
Le Morne Brabant 46
Leuchtturm von Albion 56
LGBT+ 121
Linksverkehr 105
Literaturtipps 115
Lokale 91

M
Maestro-Card 110
Maha Shivaratree 89
Mahébourg 34
Maheshwarnath-Tempel, Triolet 22
Maniok-Kekse 35
Marie Reine de la Paix 13
Marine Park 38
Märkte 14, 34, 64, 95
Markt in Port Mathurin 64
Martello-Turm 53
Maskarenen-Inseln 10
Maße 116
Mauritius Institute 13
Mauritius-Rupie 109
Meditation 96
Medizinische Versorgung 116
Mietwagen 131
Moka Eureka House 62
Mont Limon 65
Motorroller 131
Mountainbiking 83
Mount Rempart 54
Muscheln 70

N
Nachtleben 17, 24, 56, 59, 60, 61, 70
National History Museum 34
Natur 96
Naval Museum 34
Neujahrsfeier 88
Nördliche Inseln 20
Notfälle 118
Notruf 119

O
Öffnungszeiten 119
Ostern 89
Ougadi 89

P
Pamplemousses Garden 18
Parken 106
Paul-und-Virginie-Denkmal, Poudre d'Or 27
Père-Laval-Tag 90
Pferderennbahn 13
Pieter Both 62
Piraten 100
Piton-de-la-Petite-Rivière-Noire 10, 50
Place d'Armes 13
Pointe aux Sables 16
Polizei 118, 123
Pongal 88
Port Louis 11
Port Mathurin 64
Post 120
Postal Museum 16
Preiskategorien 8
Prostitution 123
Publikationen und Medien 114

Q
Quatre Bornes 60

R
Radfahren 83
Raksha Bandhan 90
Rauchen 128
Reisekrankenversicherung 117
Reisezeit 132
Reiten 83
Restaurants 91
Riambel 43
Robert Edward Hart Museum 41
Rochester Falls 42
Rodrigues 10, 63
Rodrigues Day 90
Rodrigues Eco Ballade 70
Round Island 20
Rupie 109

S

Sagar Shiv Mandir 31
Schiffsverkehr 131
Schnorcheln 72
Seekajak 23
Sega 40
Segeln 77
Seilrutschen 85
Seven Coloured Earth Park 48, 49
Shiva 45
Shopping 95
Sicherheit 51, 120
Sicherheitstipps 121
Sir Gaetan Duval Airport 104
Sir Seewoosagur Ramgoolam Airport 104
Sklaverei, Abschaffung der 88
Souillac 41
Souvenirs 95
Spartipps 111
Speisen 91
Sperrnummer 119
Spezialitäten 91
Spiritual Park Pointe des Lascars 27
Sprache 124, 134
Stadttheater, Port Louis 13
St. Anne in Chamarel 48
St. Brandon 28
Sterling House 13
St. Gabriel 65
Strände 16, 72
Straßennetz 105
Stromspannung 109
SUP 77
Surfen 76

T

Table d'Hôte 69
Tag der Arbeit 89
Tamarin 54
Tamarind Falls 51
Tauchen 72
Taxis 131
Teeplantage Bois Chéri 45
Telefonieren 124
Telfair Garden 42
Tennis 85
Thaipoosam Cavadee 88
Toiletten 112
Touren 125
Touristeninformation 16
Touristenvisa 107
Traveller Checks 110
Trekking 82
Trinken 92
Trinkgeld 129
Trinkwasser 112
Trou aux Cerfs 59
Trou d'Argent 65

U

U-Boot-Trips 77
Uhrzeit 126
Unabhängigkeitstag 89
Unterkunft 126
Unterwasserspaziergänge 77

V

Vallée de Ferney 32
Vegetarier 93
Verhaltenstipps 127
Verkehrsmittel 129
Ville Noire 35
Visumsverlängerungen 107
Vorwahlen 8, 124
V PAY 110

W

Wale 52
Wandern 78, 96
Wasser 112
Wasserfälle 32, 42, 48, 51
Wassersport 72
Wechselkurse 109
Weihnachten 91
Wellenreiten 76
Wellness 56, 60
Wetter 132
Windsurfen 76
WLAN 16, 115

Z

Zeit 126
Zentralmarkt, Port Louis 14
Zentralplateau 57
Ziplines 85
Zuckermuseum 21

Schreiben Sie uns

Dieses Buch ist gespickt mit Adressen, Preisen, Tipps und Daten. Unsere Autoren recherchieren unentwegt und erstellen alle zwei Jahre eine komplette Aktualisierung, aber auf die Mithilfe von Reisenden können sie nicht verzichten. Darum: Teilen Sie uns bitte mit, was sich geändert hat oder was Sie neu entdeckt haben. Gut verwertbare Informationen belohnt der Verlag mit einem Sprachführer Ihrer Wahl aus der Reihe „Kauderwelsch".

Kommentare übermitteln Sie am einfachsten, indem Sie die Web-App zum Buch aufrufen (siehe Umschlag hinten) und die Kommentarfunktion bei den einzelnen auf der Karte angezeigten Örtlichkeiten oder den Link zu generellen Kommentaren nutzen. Wenn sich Ihre Informationen auf eine konkrete Stelle im Buch beziehen, würde die Seitenangabe uns die Arbeit sehr erleichtern. Unsere Kontaktdaten entnehmen Sie dem Impressum.

Mauritius ist auch im freien Fall ein wunderschönes Reiseziel

Impressum

Birgitta Holenstein Ramsurn

InselTrip Mauritius

© REISE KNOW-HOW Verlag
Peter Rump GmbH 2015, 2016

3., neu bearbeitete und aktualisierte Auflage 2018
Alle Rechte vorbehalten.

ISBN 978-3-8317-3132-9
PRINTED IN GERMANY

Druck und Bindung:
Media-Print, Paderborn

Herausgeber: Klaus Werner, Ulrich Kögerler
Layout: amundo media GmbH (Umschlag, Inhalt), Peter Rump (Umschlag)
Lektorat: amundo media GmbH
Karten: Ingenieurbüro B. Spachmüller, amundo media GmbH
Anzeigenvertrieb: KV Kommunalverlag GmbH & Co. KG, Alte Landstraße 23, 85521 Ottobrunn, Tel. 089 928096-0, info@kommunal-verlag.de
Kontakt: Osnabrücker Str. 79, 33649 Bielefeld, info@reise-know-how.de

Alle Angaben in diesem Buch sind gewissenhaft geprüft. Preise, Öffnungszeiten usw. können sich jedoch schnell ändern. Für eventuelle Fehler übernehmen Verlag wie Autorin keine Haftung.

Bildnachweis

Umschlagvorderseite: fotolia.com by adobe©Oleksandr Dibrova | Umschlagklappe rechts: Hans Kevin Koborg
Soweit ihre Namen nicht vollständig am Bild vermerkt sind, stehen die Kürzel an den Abbildungen für die folgenden Fotografen, Firmen und Einrichtungen. 123RF.com: 123rf | Birgitta Holenstein Ramsurn: bhr | fotolia.com by adobe: fo | Hans Kevin Koborg: hk | Hansueli Krapf: k | Mauritius Wildlife: mw | Ebony Forest Reserve: efr

Zeichenerklärung

- ⓫ Sehenswürdigkeit
- [I3] Verweis auf Planquadrat im Insel-Faltplan

- ⚑ Denkmal
- ✈ Flughafen
- ⛳ Golfplatz
- ⚓ Hafen
- ▲ Höhenpunkt
- ⓘ Informationsstelle
- ✝ ⇨ Kirche, Kloster
- ✚ Krankenhaus
- 🗼 Leuchtturm
- ☪ Moschee
- Ⓜ Museum
- --- Riff
- ★ Sehenswürdigkeit
- 🏖 Strand
- ▲ Tempel
- 🗼 Turm

- 🟥 Übernachtung
- 🟦 Essen und Trinken
- 🟩 Sonstiges
- 🟫 Museen/Gebäude
- ━ Wanderung

Diesem InselTrip-Band wurde hier ein herausnehmbarer Faltplan beigefügt. Sollte er beim Erwerb des Buches nicht mehr vorhanden sein, fragen Sie bitte bei Ihrem Buchhändler nach.

Mauritius mit PC, Smartphone & Co.

QR-Code auf dem Umschlag scannen oder www.reise-know-how.de/inseltrip/mauritius18 eingeben und die **kostenlose Web-App** aufrufen (Internetverbindung zur Nutzung nötig)!

★ **Anzeige der Lage und Satellitenansicht aller** beschriebenen Sehenswürdigkeiten und weiteren Orte
★ **Routenführung** vom aktuellen Standort zum gewünschten Ziel
★ **Exakter Verlauf** der empfohlenen Wanderungen
★ **Updates** nach Redaktionsschluss

GPS-Daten zum Download
Die KML-Daten aller Ortsmarken können hier geladen werden: www.reise-know-how.de, dann das Buch aufrufen und zur Rubrik „Datenservice" scrollen.

Inselplan für mobile Geräte
Um den Inselplan auf Smartphones und Tablets nutzen zu können, empfehlen wir die App „Avenza Maps" der Firma Avenza™. Der Inselplan wird aus der App heraus geladen und kann dann mit vielen Zusatzfunktionen genutzt werden.

Die Web-App und der Zugriff auf diese über QR-Codes sind eine freiwillige, kostenlose Zusatzleistung des Verlages. Der Verlag behält sich vor, die Bereitstellung des Angebotes und die Möglichkeit der Nutzung zeitlich und inhaltlich zu beschränken. Der Verlag übernimmt keine Garantie für das Funktionieren der Seiten und keine Haftung für Schäden, die aus dem Gebrauch der Seiten resultieren. Es besteht ferner kein Anspruch auf eine unbefristete Bereitstellung der Seiten.